次の日本へ

共和主義宣言

首藤信彦　鳩山友紀夫

詩想社
— 新書 —

まえがき　「次の日本へ」について

首藤信彦

この我々の労作『次の日本へ―共和主義宣言―』は民主党政権の蹉跌《さてつ》と崩壊を身をもって経験し、その後に襲来した時代錯誤のような保守復古路線と、無策な経済運営を続ける自民党安倍政権そして、それをただ傍観しながらひたすら自己の保身に終始する野党勢力のつくり出す、劣化した政治カオスのなかで7年間考え続けた成果である。

この間、IS（イスラム国）、BREXIT，アメリカ一国主義、跋扈《ばっこ》する右左翼ポピュリズム、中国の一帯一路構想など10年前には考えも及ばなかったテーマが世界を席巻し、過去数十年の間日本社会が立脚した基盤が全面的崩壊過程にあることを遅まきながら我々もようやく理解するようになった。

これまで日本社会の繁栄と安全を支えてきた好条件はもはや消滅し、我々の築き上げてきた社会資産は巨大な廃墟となりつつある。このような状況で、日本の政治は単に変化するだけでなく、次元の違うものに進化しなければならない。

世界ではすでに新しい政治、民主主義の次の段階を目指して、さまざまな改革が起こっている。そのひとつがコミュニタリアニズムであり、国家中心の旧態政治や、個人と市場とに依存した新自由主義的な発想から距離を置いて、我々が現実に居住する空間（コミュニティ）から政治を立て直そうとする動きである。ポジティブ心理学や幸福経済学など社会科学の進化もそれに貢献している。それらを学ぶ過程で、もはや顧みられることのなかった正義・美徳・卓越・友愛という概念の重要性を再認識し、また「共和主義」という日本が近代化する過程で構想し、そして抹殺された思想を掘り起こすことができた。そこにたどり着く道筋を照らしていただいた小林正弥千葉大教授並びにマーチン・セリグマン・ペンシルバニア大学教授に記して感謝したい。

この本は、我々が次の日本（２０４０年には完成する予定の）を目指して、何をよりどころに、どのような方向へ政治を向けるかを示し、そのために新たな政治運動を立ち上げることを宣言するものである。

我々が提言する共和主義の政治は一部の政治家や官僚などが、既存の概念や欧米の先例に従ってつくり出すものではない。確立した先例がなく、立脚すべき地盤が揺れ、先が不透明で見渡せない状況のなかで、多くの心ある人が、自律と責任を持って参画し、つくり上げていくものである。

新しい政治は新しい理念とそれを具現化する政策により示される。しかし、我々はここで選挙の直前にまるでアドバルーン広告のように題目だけ打ち上げられ、選挙が終わると同時に忘却の箱に投げ入れられるような政策を示すつもりはない。

これまでの政党の政策は、それを実効させる具体的法律もそれを推進する行政機構も、実際にその任に当たる官僚も、すべてにかかる財源の裏づけも、それが実行されたときに影響を受ける地域の意見も、ステイクホルダーと表現される広範な関係者の見解やアドバイスも考慮することなしに提示され、そしてそれは現実妥当性を欠くがゆえに実施されず、選挙公約は選挙が終われば反故になった。

そもそもそれらの自称「政策」がどのような政策集団や有識者・市民の協力によって、どういうプロセスを経てつくられたのかに関しては一切情報がなく、またそれらの政策がたとえ修正されてでも現実にどのように成立し、効果を生んだかの検証は行われてこなかった。

我々は新しい共和主義理念に沿って、そのような架空の政策でなく、多くの関係者と協議し、そこで「皆が善いことだ」と考える施策の最大公約数、最適解を求める。それが

「共通善」（Common Good）である。

現代の複雑な社会情勢、すでに構築されている制度や法体系のもとでは、行政組織の知見や現場にいるステイクホルダーの参加なしには真に新しい、進歩的（プログレッシブ）な政策は出来ない。

政権の座についたときに、民主党は「官僚主導から政治家主導」を主張して、政策立案に官僚を参加させず、国会審議においても官僚の答弁を許さなかった。それはこれまでの官僚政治の弊害を取り除くためのショック療法であったが、その前提条件は政党側が十分な立法能力、そして官僚を凌駕する専門知識と経験を持っていることであった。そのような知見も情報も判断力もいまだ十分でなかった段階での政治家主導が国家運営を停滞・混乱させ、それがやがて民主党政権の瓦解につながったことを深く反省したい。

この本で、いくつかのそうした「共通善」すなわち、皆が善いものだと考え合意するいくつかの方策やテーマを挙げることができた。それを政治家のみならず、官僚、実務家、法律家、NGO、国民各層からの参加者を求めて、具体的で現実的な政策をつくり上げ実施していく。同時に、その評価組織をつくり、我々が考えた「共通善」、そしてそれが具現化された政策が本当に「善いもの」であるかの検証を並行して行う。これが新しい共和主義的な政策形成である。

しかし、ここで挙げられた「共通善」はまさに九牛の一毛にすぎない。いまの日本にとって必要な政策や方針は多様多岐にわたっており、しかもすべて緊急性の高いものである。この本を読んで趣旨に賛同される方、さらに善い提案のある方、ともに行動しようと思われる方はぜひ我々の新しい政治運動に参加し新しい次元の政治をつくり上げるのに参画していただきたい。

集合場所：共和党の広場（http://kyowa-to.jp）で皆さんの参加をお待ちします。

共和党の広場

目次

崩れつつある日本社会の前提条件　73

脅かされる日本の存立基盤　81

巨大リスクとしてのアメリカ　84

第4章　劣化した民主主義を救う新たなシステム　101

校正／萩原企画

第 1 章
共和主義宣言

◎歴史的な大再編期に突入した世界

令和元年9月吉日　我々は停滞、腐敗、無力の既存政党、旧態政治を離れて、新しい政治活動集団を組織する。その名称は「共和党」とする。

いままさに、第二次世界大戦後に成立した秩序が世界中で音を立てて崩れ始めている。政治的には、これまで名実ともに戦後世界のリーダーであったアメリカが、国際社会での警察的役割や管理者としての役割と責任を放棄して、自国第一主義に走ろうとしている。その一方で、冷戦構造期にアメリカと世界を二分した社会主義圏の盟主であったロシアは、冷戦構造崩壊後の長い混乱と低迷のトンネルからようやく抜け出て、社会主義イデオロギーに基づかない新たな支配圏を再構築しようとしている。

第二次世界大戦直後の混沌期と、21世紀の現在とが異なっているのは、前者がまがりなりにも社会主義対自由・資本主義という確固としたイデオロギーや理念のもとに新しい世界秩序をつくり、その枠のなかで全体が繁栄しようと試みたのに対し、現在の世界の動きは、アメリカやヨーロッパを中心に自国中心の繁栄を求め、周辺の国を助けるどころか、その繁栄を周辺の犠牲によってつくり出そうとしていることだ。

ヨーロッパでは移民問題を契機にＥＵ拡大路線にも陰りが見え、イギリスのＢＲＥＸＩＴのみならずイタリアなどの主要国でも国内にＥＵ離脱派や、移民拒否の政治勢力が拡大している。経済的困難を抱えるＥＵ周辺諸国では、急速に自国第一主義や移民排斥を訴える極右政党が伸長している。

中東世界において、イラクのフセイン独裁政権を崩壊させたあとの政治的空白に、中世カリフ国の復活を標榜する仮想国家イスラム国が急激に膨張し、周囲を混乱とテロリズムの跋扈する地域に変えた。そのイスラム国の崩壊後は、中東の大国イランとサウジアラビア間の対立と緊張の激化、イエメン・シリアなどにおける代理紛争の拡大、トルコの勢力拡大や国家を持たない巨大民族クルドと周辺各国との確執など、中東はもはや不安定というレベルではなく、明らかに国家・国境の大再編期に入っていると言えよう。

アジアにおいて、中国の膨張は単に13億の人口を抱える大国の貿易拡大だけでなく、南シナ海への進出や一帯一路政策の展開に見られるように、かつて歴史上存在した中国を中心とする政治経済圏＝中華圏の確立がその長期目標として想定されるようになった。しかし、それは東南アジア、中央アジアそして北東アジアに経済的協力関係ばかりでなく、一方において強い政治的緊張関係を生み出している。

この状況において、朝鮮半島情勢は広く世界、そして何よりも隣接する日本と北東アジア全域にすさまじい緊張を必然的にもたらす。この地域は世界の第2位と3位の経済大国が競い、そして世界の現代産業の中核ともいうべきエレクトロニクス産業の集積中心地である。万一の事態が発生すれば、現代社会へのインパクトはすさまじいものになる。

本来は超大国しか持ち得ないと考えられた核ミサイルの開発が、北朝鮮によって推進され現実に配備される事態は、70年前の朝鮮戦争すなわち朝鮮半島における南北勢力だけでなく、アメリカとソ連・中国を巻き込んでエスカレートした大戦争の再来を想起させるだけでなく、それを全世界を巻き込む核戦争の現実の脅威に変えた。

◎激動の時代に世界から取り残された日本

このような北東アジアに高まる核戦争の危機、急激に膨張する中国の政治経済力の拡大、そして世界全体の大再編期に、生き残りを懸けて各国では必死の改革が行われている。当の北朝鮮さえ、体制存続を懸けて、米国との間に核廃棄のオプションを携えて交渉に応じる姿勢を見せている。ひとり日本だけが自律的自己改革に遅れ、その意識すらなく、国際社会における尊敬と役割を失い、低迷と沈滞の淵に沈もうとしている。

日本は敗戦直後の焼け跡のなかから戦後復興を実現し、さらに高度成長を経て、少なくとも国家レベルでは豊かさを誇れるようになったが、その豊かさを世界全体の平和と繁栄に貢献させることも、世界からの尊敬を勝ち得ることもできないまま、国内では政治の混乱と社会の低迷に翻弄され、自然災害や原子力事故そして人口減少社会の登場するなかで、この歴史的な混迷・激動の時期に際して新たな活力を生み出すこともできず、思い切った方向転換をするだけの能力もなく、そもそもどちらに進むべきかのビジョンをつくり出すことすらできなくなっている。

いま、日本がまだ物質的・経済的に豊かな社会を表面的には維持できているのは、すべて過去の文化的・制度的蓄積と巨大な経済の慣性のおかげであり、その遺産も次第に消滅しつつあることは誰しも日常的に感じているところである。

日本は何よりも成長神話すなわち、残存する貧困や差別や不公正も、経済成長によって経済全体が大きくなり、分配するパイの規模を大きくすることによって結果的に解決できるという妄想や、特定産業の発展や巨大プロジェクトがあれば生み出された利益はやがて産業や社会の末端まで及ぶというような高度成長期の成功体験から脱却する必要がある。

日本は国際環境においても、国内資源や社会においても、もはやそうした成長政策に期待することができない。さらに気候変動や地球環境規制のように、日本経済を大枠で抑制する地球レベルで進行するさまざまな困難や拘束の強化などが予想される。

であるから、これからは与えられた条件の制約のなかで、持てる人的資源と風土を最大限に生かし、人口減社会に対応した「定常経済」（注1）を前提とした社会設計を行わなければならない。「定常経済」は沈滞経済でもマイナス成長でもない。低い経済成長率のもとでも、発展し活気ある社会が可能である。それは一人の人間が10代半ばで身長は急速に成長し、成人となっては成長しないものの、スポーツに熱中し、恋愛し、出産し、子育てし、仕事に没頭して活気ある有意義な人生を送れるのと同じことである。

共和党はこのような社会実態としての「定常経済」を「健常経済」（Healthy-Stable Economy）と再定義し、それを求める。すなわち、単に経済成長を前提としない安定的な経済だけでなく、そこでは、自然環境を重視し、気候変動に対応し、災害に事前に備え、原発ではなく再生可能エネルギーに産業と社会が依存し、人間中心の視点で運営される健康で安定した経済が求められるべきだからである。

このような混迷の状況においてこそ、本来は、政治が未来に向けたビジョンを示し、またそれを現実に可能にするような政策をつくり推進し、制度と環境を整備し、リーダーシップをもってそれらを断行していかなければならないが、まさにその政治こそ日本社会の最も虚弱で遅れた部分に他ならない。

◎いまや国民に見放された日本の選挙

２００９年国民の期待を集め、ようやく遅ればせながら成立した民主党による政権交代が短期間で破たんしたあと、安倍晋三氏を首班とする自民党政権が復活し、アベノミクスと称する極端な通貨大量発行、円安誘導による短期輸出拡大、株価高値誘導、放逸財政、アメリカの高額兵器購入、その一方で教育や福祉切り詰めなどの一連の政策によって、日本は真の改革に必要な資源を無駄に浪費し、社会的には一層の損失と被害を受けて、もはや立ち直ることすら困難になってきている。

安倍政権の害悪は経済のみに留まらない。近隣の韓国そして中国との摩擦、国際社会で評価の極めて低いアメリカ一国主義のトランプ政権の要請を唯々諾々と受け止める追従外交の結果、ヨーロッパのみならず中東やアフリカ、さらに東南アジアからも日本への軽蔑と侮《あなど》りが国際社会に広がっている。

政党支持率の推移

	7月	6月	5月		7月	6月	5月
自民党	**25.6**	27.7	26.5	共産党	**2.6**	1.8	2.1
立憲民主党	**3.9**	3.3	3.7	日本維新の会	**1.8**	1.2	1.6
国民民主党	**0.6**	0.6	0.6	社民党	**0.3**	0.3	0.1
公明党	**4.1**	2.6	3.8	支持なし	**58.3**	59.4	59.6

（単位：％）

（表１）　時事通信社　WEB 版2019年７月17日

何よりも、これらの暴挙を阻止し、縁故主義と一部の顧客だけのための歪んだ政策を正道に戻すべき国会が、国民の要望と意思を反映せず、安倍政権の暴走を続けさせている。それは自民党と公明党の与党連合の横暴と無能力にだけ責任があるのではなく、その暴走を止めることができない野党の責任でもある。

いまの日本のみじめな状況は、安倍政権だけでなく、与野党全体の責任である。そもそも与党と言われる自民党も国民の３割程度の支持しか獲得できず、その暴走を阻止する義務を負う野党に至ってはどの党も１割の支持を獲得することができない。政党は国民の何を代表しているのであろうか？

現在の政党支持率は比較的中立性の高い通信社の統計、たとえば時事通信社のデータでは表１のようになる。

ここで容易に理解されるのは、第一に自民・公明の与党に対し、右から左までさまざまな政治綱領を持つ全野党の合計がその半分にも満たないことである。すなわち巷で言われるように、「野党連合により安倍政権を終わらせる」とか、「野党候補の一本化によって与党の国会支配を終わらせる」というような話が妄想にすぎないことだ。野党連合というのは、安倍政権を倒すという旗印のもとで、弱小勢力が選挙で自分たちが生き残るための看板と便法にすぎない。

それ以上に厳粛な事実は、与野党を合わせ、すべての既存政党支持率の合計が、全体の4割程度しかない、すなわち、国民の6割はそもそも「政党」を支持していないということである。現在の立候補者のほとんどが業界・組織・団体の関係者や支援を受けている者であり、一般市民とは無縁の存在であることを考えると、当然の結果であろう。しかし、これでは政党のみならず、代表民主主義のもとで政治家が国政を議論する日本の国会そのものが国民の支持を受けていないのと同じことである。

直近の選挙は、２０１９年7月21日に行われた第25回参議院選挙であるが、当初は直前まで衆参同時選挙がうわささされ、また参議院で自民・公明・日本維新の会などの改憲勢力が改正発議に必要とされる総数3分の2、１６４議席を超える可能性が宣伝されて盛り上がったが、現実には与野党対決の争点も明確でなく低調なまま推移し、結局、投票率は24

年ぶりに50％を割って48・80％、戦後2番目の低投票率となった。

その意味で、既成政党の勝利宣言はいずれも極めて内容の乏しいものとなった。最大野党の立憲民主党は兄弟政党ともいうべき国民民主党の減少分を得て拡大したが、与党に迫るほどの支持は得られなかった。むしろ野党への失望感のなかで、票を伸ばしたのは山本太郎氏の「れいわ新選組」であり、さらに議席を予想する者の少なかったシングルイシューの「NHKから国民を守る党」であった。

それも確かに沈滞化、窒息状態に近い選挙事情のなかで、既成政党とは異なる新しい風を吹き込んだ点は評価されるが、いずれも整合性のある政策群を提示することなく、はたしてそれが代表制民主主義のあるべき姿であるかどうかは今後の国会を注視したい。

参議院選挙において、主権者たる国民の半数以上が選挙に行かなかったことは、日本政治に単なる数字以上の深刻な問題を提起する。衆議院選挙の場合、基本は小選挙区であるから、自分が住む選挙区に投票すべき候補者がいない場合、投票に行かないことにもそれなりの根拠がある。しかし、参議院選挙のように広域や全国区を対象とする場合、全国でも投票すべき政党や候補者が一人もいないというのは極論であろう。参議院選挙で投票率が5割を割るということは、選挙の正当性自体に疑問を投げかけるものと言えよう。

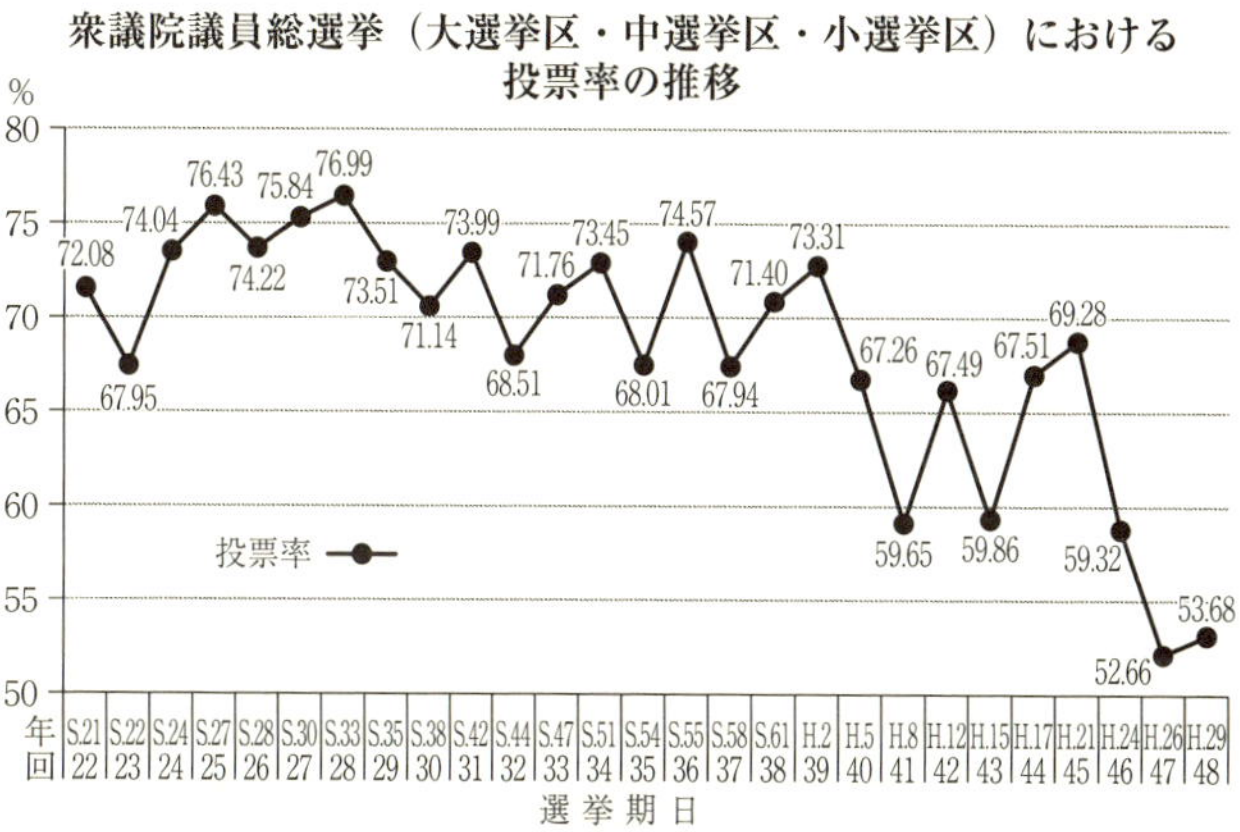

（表２）　長期投票率推移　総務省資料

このような状況は、高度経済成長期から続いているわけではない。政治がさほど働かなくても経済の好循環があった高度経済成長期においても、国民の政治参加を表す投票率は漸減の趨勢《すうせい》こそあったものの、それほど急激に落ち込まなかった。表２で明らかなように、日本は戦後の混乱期から高度成長期を経ても国民の政治に対する関心は高く安定して、衆議院選投票率は67％から77％の間にあった。１９９６年に小選挙区制が導入されたことにより一挙に低下したものの、２００９年には70％近くに回復し、それが民主党政権誕生に寄与した。

極端な投票率の低下は民主党政権が崩壊した２０１２年の選挙であり、この時に実に１

700万票（17,276,568）すなわち、自民党全得票数（衆議院比例）に匹敵するような票=国民の政治意思が消滅し、いまに至るまで復帰することはなかった。要するに、ひとつの巨大政党とその支援者とが忽然と姿を消したのに等しい。その後、2014年（52％）、2017年度（53％）はともに歴代1位2位の低投票率となった。（表2）

我々はまず、この失われた1700万票を国民の政治選択の場にもどさなければならない。それこそが共和党設立の目的でもある。

◎共和制は天皇を否定するものではない

冷戦構造崩壊後の政治混乱を受けて、ヨーロッパでは国民の政治参加の無力感を打破する意味でも、投票率の低すぎる場合の再投票や、立候補者のいずれもが十分な国民の支持を得られない場合の選挙自体のやり直しなどの革新的選挙方法が普及したが、日本ではこのような新しい方策は全く採用されていない。もし日本でこうした改良選挙が実施されたら、衆参議員選挙でも多くの選挙区が再選挙となり、地方首長選挙に至ってはほとんどの選挙がやり直し選挙に追い込まれ、そして再選挙に際しての候補者再検討の議論や集会のなかから新しい能力のある候補者が立ち上がってくるにちがいない。

ここに我々がまったく新しい理念で結党し、新たな政治活動を展開していく根拠と基盤がある。日本ではもう国民が既存政党を信用せず、現行国会に期待もしていない状況がある。実はこれと似たような状況が戦前にあった。

日本に未曽有の破壊と悲劇をもたらした太平洋戦争も、単に決して明治以降の絶え間ない軍国化の積み重ねによるものではない。むしろ、日本は大正デモクラシーと呼ばれるように下からの政治要求、地方における政治的覚醒と民主化要求実現などによって、国民のなかから自由で活発な政治活動が見られた時期があった。しかし、第一次世界大戦後の大不況、軍拡や経済の低迷そして地方の疲弊などの環境のなかで、海外市場を求めて大陸侵攻が正当化され、その過程で一挙に軍国化が進み、マスコミはそれを鼓舞して国民を煽り、そして最後には大政翼賛会と挙国一致内閣となり、最終的には戦争に突入してしまった。

この時期、民主主義システムにおいて、国民の民意を政治に反映させる最も重要な機関であるはずの政党が腐敗と無気力により、国会は空転し、国民は政党にではなく、腐敗のない軍とその積極行動に期待するようになった。そうした軍への期待感の高まりが５・１５事件、そして２・２６事件という一部軍人の蜂起や直接行動を促し、それがさらに国会の無力化と退廃を一挙に進めたのである。

現在の日本は、明治維新後に封建体制から脱却して近代的政治を始め、憲法を制定し国会を開いた明治の時代から、経済不況、満州事変そして大政翼賛会時代に突入していった昭和の暗黒の時代に酷似している。その意味で、いままさに日本の政治、日本の民主主義システムは最大の危機に瀕していると言える。

このような状況下で、共和党は、すでに多くの分野で保守化・利権化・形骸化している日本社会において、進歩的な役割を担うことのできない与野党政党とは異なる方法で政治改革に取り組む。その意味で未来を担う政党である。

しかし、それは本来、日本が江戸幕府から近代的国家に脱皮する過程で成立すべき政党であった。共和は漢字ではあるが、「理想の政治を目指して、責任あるものが皆で政治を支える」意味を持って、新たな意味と生命とを吹き込まれた日本発の新しい概念である。残念ながら、明治維新の時期に、徳川に代わってこの国を支配しようとした薩長藩閥勢力によって阻まれたが、最近の研究では、その時代の思想家・活動家の多くが日本をあるいは自分たちの集団を独自の共和制、共和国にしようとしたことがわかってきている。また明治期にも多くの自由民権活動家は共和主義に基づく日本政治の民主化を目指したが、当時の政府により弾圧された。その理由が共和制は天皇制を否定するとの曲解と誹謗であって、もとより、すべての有意の人々が共に和して政治を支えようという共和主義に対する謂われない攻撃であった。

なぜ薩長藩閥政府は絶対君主としての天皇を必要としたか？　それは共和制のように、天皇・朝廷をはじめ、さまざまな有識・有資格勢力が政権運営に参加するとなると、当然のことながら旧幕府勢力も政権運営に参加することになり、その結果、外様大名にすぎなかった自分たちの支配力が弱まるからである。それゆえに、薩長藩閥勢力はかたくなに共和主義を否定し、天皇を現人神に祭り上げた。

しかし、戦後において、日本国憲法にあるように天皇は象徴であって実体的な政治権力を有しておらず、共和制と矛盾するものではないことは明らかである。

共和党は日本において伝統のある政治集団であり、またそれは西洋におけるローマ時代からの共和党概念（res publica）だけではなく、また現在、世界の多くの国で与党となり保守化している共和党＝Republican Party ではない。むしろ儒教や墨子思想などアジアにおける政治理想・政治理念の集合と進化の上にある。

◎戦時翼賛体制とアメリカ占領期につくられた既存のシステム

共和党はこれまで日本を構成してきた要素と構造を再検討し、新しい要素と構造に組み替える。これまで日本の長所とされてきた教育や経済・産業や農林業、官僚制度、働き方、都市と地方などについても根本的な部分から再検討を行う。それは、現在問題となっているテーマのほとんどが過去および過去からの蓄積の上に実績として積み重なってきたことによるものであり、未来に向けての改革は、まずその過去からの遺産と遺物を整理するところから始めなければならない。

驚くべきことであるが、現在の日本の諸政治社会システムは戦時翼賛体制と終戦直後のアメリカ占領期に成立したものであり、さらに驚くべきは、アメリカが管理する横田空域に見られるように、その多くが時代の変遷とともに必要性がなくなったにもかかわらず残存し、未来への改革の障壁となっていることである。

その意味で、日本の現実を理解するためには、まずアメリカが関係する部分を明らかにし、深部に隠されている部分を表面に浮かび上がらせ、分析し、不必要な部分や害となっている部分、未来にとって不必要と考える部分などを除去していく必要がある。現在のアメリカが、占領期から続く家父長的な友好政策ではなく、トランプ政権に典型的に見られるように、自己優先と近隣窮乏策の姿勢に転換した以上、日本はそのアメリカの政策転換によるリスクを分析し、アメリカとの関係を抜本的に検討・評価して新たな関係を構築しなければならない。

それは決して反アメリカ（Anti-US）ではない。最大の友好国、隣国でもあるアメリカとの関係の正常化（normalization）なのだ。

安倍政権の登場と長期支配によって最も大きな被害を受けたのは、外交である。これまで伝統的自民党を中心とする保守政権時代もかろうじて守ってきた日本の中立姿勢、全方位外交、国際社会での信用や尊敬、アジア諸国との密接な友好関係などが、すべてこの数年の間に崩壊してしまった。もはやそれらは簡単に修復できない。やはり原点に戻って、近隣国のみならずアジア諸国との関係、世界の課題にどう向き合っていくかが再検討されなければならない。

防衛に関しても、全く同様である。すでに巨大化し、巨額の国費を消耗している軍事費のうちのいったい何が真に日本の安全のために必要であり、将来に危惧されるような東アジア情勢の変化にどう対応しなければならないか、すべて抜本的に洗いなおす必要がある。

共和党はそれらの課題に、「進歩的（プログレッシブ）」に取り組むものである。日本を取り巻く状況がこのように変化し、日本が育んできた長所が消滅しつつある現在に、これまでのような漸新的あるいは改良主義的な改善では対応することができない。我々は過去の到達点である現在から、次の日本社会を構築していかなければならない。その指針は実は、未来にあるべき我々の理想社会像にある。我々が求めるのは、改善された過去ではなく、次の半世紀を日本が生き抜くための、進化した次の＝ＮＥＸＴの政策と行動である。

◎次の半世紀を目指した新たなシステムづくり

共和党が次の日本＝ＮＥＸＴ　Ｊａｐａｎを目指す際に助けとなるのが、最近の社会科学における革新である。いま、急激に関心が高まり応用が広がるコミュニタリアニズム政治学（注2）、ポジティブ心理学（注3）や行動経済学・幸福経済学（注4）などが、新しい政治を求める際の用具（ツール）となる。政治学や経済学は長い間、過去によって現在を評価し、その上に未来への資源や政策を逓増的《ていぞうてき》に加えた。しかし、ポジティブ心理学が切り開いた方法論は、最初に、我々が将来に実現したい「好ましい状態」（持続的幸福、well-beingの状態）を想起し、そこに到達する道程の時系列を逆転させて、「まずいまは何をしなければならないか」を考察し選択するものだ。コミュニタリアニズム政治学においては、「皆が合意して求める状態＝共通善」をまず目標に定め、そこに向かって政治努力を傾注する。

これまで政治はともすればネガティブな思考で議論されてきた。特に野党においては、与党や政府の政策に反対することを活動課題として政治に取り組んできた。たしかにそれが功を奏して自民党政権の横暴による間接被害・二次損害を緩和してきた時代もある。しかし、日本全体が混迷の場に陥っている状況において、そうした「△△反対」、「○○を守れ」という、ネガティブな思考ではなく、未来に向けてのポジティブな政策提言がいま、政治に求められている。

このようにこれまでの旧政治思考を逆転して考えると、予算のシステムも変化することになる。予算策定はこれまでのように、重要な新規予算とすでに縮小しなければならない古いテーマの予算とが競い合うのではなく、まず将来のあるべき幸福な状況（well-being）にたどり着くためのテーマに、最初に優先的に予算を配分していくことになる。以前のようにまず財源を論じるのではなく、まず何をするかが優先的に議論され、予算が講じられなければならない。同様に、行動経済学を利用し、人間行動の分析を活用すれば、これまで固定的に考えられてきた費用を大幅に縮小することも可能になるだろう。（注5）

伝統的な政治学や行政学の思考や制度だけでなく、1980年代から急速に研究の進んだコミュニタリアニズムの考え方を取り入れる必要がある。ここでコミュニティを定義するとしたら、それは「国家とは限らず、また個人でもない、しかし一定の形と役割を持った主体」と訳することが可能であろう。

アメリカ発の学問的発想を即導入してきた日本で、これまで1980年代から政治学の中心課題のひとつであったコミュニタリアニズムが日本で早期に紹介されることがなかったのは、現代先進社会において、日本だけがそのようなコミュニティ的存在が乏しかったからに他ならない。2009年に民主党がマニフェストのなかで主張したNGOやNPOなどを組み入れた「新しい公共」はその意味で嚆矢《こうし》であったが、十分にそのデザインが具体化される前に政権が崩壊してしまったのは残念なことであった。

しかし、それはそうしたコミュニティ的公共組織が日本の風土土壌に合わなかったからではない。すでに戦前から賀川豊彦の一連の協同組合、共済組合の実績があり、戦後における農業や医療における保険・共済制度、協同組合もその実績の上につくられたものである。

政府と企業そして個人だけをアクターとするのではなく、地域的・文化的・歴史的に一定のまとまりを持つ組織や地域を自律的なコミュニティとして位置づけ、その活性化によって社会を進化させることも可能であろう。すでに世界中でそのような新たな主体はＮＧＯやＮＰＯという形態で広がり、重要な社会的役割を担っている。それは欧米先進国だけではない。発展途上地域においても、政府が十分にカバーできない分野や地域をそうしたコミュニティが公共サービスを提供し、責務を果たしている。

今後、我々がつくる日本は、政治にせよ社会にせよ、外交にせよ、いままで日本が立脚してきた土台の上に、次の半世紀を目指して新たなシステムをつくり出す。それが容易ではないことは、明らかである。しかし、それを行わなければ、もはや日本に未来への道程は開けないこともまた自明である。

その方法論のもとで、我々は国民の多くが理解し賛同する「共通善」を模索し、それを新たな手法によって実現する。その共通善を求める手がかりが「正義」「美徳」「卓越」そして「友愛」の四公準である。それらは多様な価値観が錯綜し容易に統一的な解が見い出せない現代政治課題に、ちょうど羅針盤や定規（スケール）のような役割を果たす。

そのようなものは、過去や伝統的社会に存在したかもしれないが、現実政治のなかで息絶え消滅して痕跡すら見られない。いま、日本政治の場はまさにその真逆の腐敗と悪徳、裏切りと凡庸が支配している。我々はもう一度、酸欠状態の沼底のような日本政治に、共和の風を通し、本来政治と政党が持っていた役割を取り戻して、「公正な社会」をもたらし、次の日本を創造するのだ。

我々はそのような危機感と決意のもとに結党し行動する。

令和元年9月吉日

鳩山友紀夫
首藤信彦

（注1）定常経済（Steady-State Economy）環境経済学者のハーマン・デイリー等が持続可能性のある経済システムを主唱、古くは1966年K・ボールディングが「来たるべき宇宙船地球号の経済学」を著し自然資源の破壊と収奪による消費の拡大（カウボーイ経済）は限界が来ることを指摘、1972年にはローマクラブが「成長の限界」を発表した。この考えを社会全体に適用したのが

定常型社会論であり以下文献参照。広井良典著「人口減少社会という希望」朝日選書２０１３年。

（注２）コミュニタリアニズム　政治を国家中心そして個人的な人間像で考えるのではなく、それを歴史的・地域的・文化的・社会的な関係に基づく現実の人間的主体性とそれが構成するコミュニティにおいて把握する考え方。日本では「白熱教室」あるいは「これからの正義の話をしよう」という著作のある公共哲学のマイケル・サンデル教授などが知られる。共和党はその準備段階で、コミュニタリアニズム研究の第一人者である小林正弥千葉大教授と８回にわたる「友愛政治とコミュニタリアニズム」研究会を開催し、その日本政治への適用性について研究した。

（注３）ポジティブ心理学　アメリカ心理学会長を務めたペンシルバニア大学マーチン・セリグマンが創出した新しい心理学。古くはＡ・マズロー、Ｅ・フロム等の人間性心理学に源流があるが、実証性・実践性を伴った心理学であり、人間の病気（精神疾患）を治すのではなく、人間のよい面や徳（Virtue）を活用して幸福な状態（Well-being）をつくる方法論と同時にその状態を計測・把握するためにＰＥＲＭＡ指標を考案した。現在、国連そして各国で教育・医療分野で広範に応用が進んでいる。

（注４）幸福経済学　行動経済学（Behavioral Economics）の発達のなかで、「幸福」を政策目標に掲げ、従来は主観的で理論経済学に取り入れることが難しいと考えられてきた人間の幸福度が心理学の発達とともに計測されるようになり、幸福経済学という分野が登場してきた。社会の幸福度調査はブータンのＧＮＨ（国民総幸福量）指標などが有名であったが、日本でも内閣府が幸福度調査を実施し、また多くの自治体でも幸福度調査が行われるようになった。「日本の幸福度　格差・

労働・家族」大竹文雄・白石小百合・筒井義郎編著、日本評論社、2010年参照。

（注5）　2017年ノーベル経済学賞を受賞したリチャード・セイラー教授の「ナッジ：（nudge ＝ちょっと突つく）理論」と「ハエの絵」が有名である。アムステルダムの空港の男子トイレ小便器の内側に一匹のハエの絵を描いたところ、清掃費は8割も減少した。

第 2 章

いま、なぜ「共和」なのか

日本で生まれた「共和」理念

1600年関ヶ原の戦い後に成立した徳川幕府はやがて鎖国に踏み切り、以後、激動の世界から孤立した政治経済体制のなかで、日本では約200年間、徳川幕府による安定した国家運営が行われた。しかし、軍事的にも政治的にも盤石の体制を誇った幕府も、次第に統治者としての能力と実力に陰りを見せ始め、度重なる飢饉・自然災害、地方の経済的窮乏などに対処することも困難となり、その権威は次第に失墜し、19世紀に入ると幕府の国家運営に諸大名、知識人から庶民レベルまで公然と批判が出るようになった。そして、各地で百姓一揆が頻発するなか、ついに1837年には幕府の体制内部からも、大阪の（元）与力であり陽明学者でもあった大塩平八郎の武装蜂起を招くに至った。

この時期に、統治者の交代を求めようにも、御三家・譜代大名を抱えた徳川政権に対抗する政治的・文化的中核がなく、地方の革新的な有力大名は老中などの幕府役職から排除されていて国政参加に限界があった。

その結果、日本の歴史がかつて何度も経験したように、現実の実力者や武家の統治とは異なる歴史的存在、すなわち古代日本を統治した天皇と公家の政治参加に再び脚光が当たるようになった。すでに江戸中期から尊王思想は広がりを見せはじめたが、このような幕府衰退の状況において、民心を統合して危機に対処する核として、朝廷や天皇に期待する声が江戸後期に急速に広がった。全国の地域に古代より存在する神社の神主、富を蓄積した豪商などの富裕層、富農、地域の知識人などがその受け皿となった。

そうした時代が求める新しい尊王思想の流れのひとつの中心が、水戸藩の水戸学であり、会沢正志斎や藤田東湖などの思想家、多くの活動家を生み出した。折しも、産業革命を経て急激に海外市場を求める西洋諸国の艦船が日本近海に多数出没し、国難の認識が全国的に一挙に高まった。

まさにこのような状況において、朝廷による統治に戻ろうとする思想と、頻繁に日本近海に出没するようになった外国船への漠然とした嫌悪感や西洋的なものを穢《けが》れと考える思想とが結びつき、幕末期を最初に揺るがした尊王攘夷思想が立ち上がってきたのである。

一方、19世紀に産業革命を経て飛躍的な工業力、生産力の拡大を見た西欧諸国は、季節風に依存しない蒸気船の登場により、年間航海によってアフリカ、西アジア、南アジアを次々と植民地化しながら清国に迫ってきた。

このような状況においても、清国は中国を世界の中心とする中華思想のもとで、朝貢貿易しか認めず、西洋列強の開国要請を拒否した。しかし、列強国家そのなかでも東インド会社を擁して貿易を活発に行う一方で、清国からの茶などの輸入品とバランスするだけの輸出品を持たなかったイギリスは、インドで生産された阿片を清国に持ち込み、それを禁止する清国との間でついに開戦に至った。それが阿片戦争（1840—42年）である。

この戦争において清国は近代艦隊を擁するイギリスに敗北し、南京条約により香港割譲、巨額の賠償金支払い、そして治外法権、関税自主権の放棄などの不平等条約を次々と強制されるようになった。中国の現在を考える場合、中国の国家戦略のなかにこの阿片戦争の敗北と屈辱が大きなトラウマとして常に残影していることを忘れてはならない。

この大清国敗戦の事実は、長崎の出島にあるオランダ商館や清国商人により瞬時に幕府に伝えられたほか、諸大名・知識人・豪商・富農など広範な層にも瞬く間に伝わり、幕府の対外政策を根本から変えさせたほか、各藩で西洋の軍事、産業、技術への関心が高まる一方、西洋列強の前に日本がどう生き抜くかが公然と議論されるようになった。

その際に、世界の現状を理解する資料として魏源《ぎげん》の「海国図志」および当時の世界地図である「坤輿図識《こんよずしき》」が翻訳され、幕府の外交判断の基礎資料となったほか、諸大名、そして広く民間にも流布した。

後に阿片戦争開戦の責任を問われて失脚した欽差《きんさ》（特命全権）大臣の林則徐は当初阿片取り締まりに辣腕をふるい、またよくイギリス軍の侵攻を阻止したが、迂回して天津に上陸し直接北京に迫るイギリス軍に恐れをなした道明帝は、林則徐を開戦責任を理由に解任してしまった。林則徐は失脚し、責任を問われて新疆に流される前に親友の学者、魏源にアメリカ人ブリジメンが著した万国地理書の翻訳を依頼すると同時に、これに増補編纂して世界の情勢と清国への脅威そして、阿片戦争敗北からどのように清国が立ち直るかの方策をまとめることを依頼した。

清朝の事実上の降伏と民族的危機に直面して、魏源は単に世界情勢を著述するだけでなく、阿片戦争時のイギリス軍捕虜への尋問資料なども参考にしてこの「海国図志」をまとめ、さらに清国がこれから進む方向として「富国強兵」すなわち、殖産興業により国を豊かにし、近代的軍備を増強し軍事強国となる方策を示唆した。

ここに、西洋列強にアジアの国が対抗する手段としての「富国強兵」路線が登場し、それに強く影響を受けた日本で、幕末から明治そして太平洋戦争に至るまで国家の針路を呪縛することになった。

一方で、当時の世界地図「坤輿図識」は地理学者の箕作《みつくり》省吾《しょうご》（高名な洋学者箕作麟《りん》祥《しょう》の父）が翻訳したが、その際にオランダ語のｒｅｐｕｂｌｉｃｋ（レピュブリック）の翻訳に悩み、当世随一と言われた漢学者の大槻磐渓《ばんけい》に相談したところ、「共和」を示唆された。それは孔子が理想社会とした古代「周」においても非道の王が出現し、彼が出奔し王が空位となった政治を、有識有力者が協力して国の統治にあたった時期があり、それを「共和」と称した故事によるものだった。世界地図において箕作省吾はアメリカを共和政治州と紹介した。中国の伝説上の歴史期間が箕作等の手によって、新しい政体の意味を持った瞬間だった。

共和の「共」は古代の金文では大事なものを左右の手で支える姿を意味し、「和」は旗の前で平和を誓うことを意味する象形文字である。この幕末の日本発の発想が、やがて中国が清朝から近代国家への改革を目指す運動の過程で採用され、いつしか「共和」がアジアの新時代の政治システムとして中国そしてアジア諸国に伝播していったのである。

一方、現代では共和主義と並んで現代政治の基本理念である「民主」は、古くから中国で君主や領主と同様に、「民の主」として使われてきたが、やがて近代化そしてマルクス主義の浸透などにより、次第に「民の主人」から「民が主人」の意味に転化し今日に至っている。

共和主義勢力が排除された明治維新

頻発する西洋艦船の出没に悩まされる幕府も、外交に携わる幕閣は「坤輿図識」により世界の広さに目を奪われ、そして魏源の「海国図志」は徳川幕府が推進すべき方策を示した。開明派幕閣として西洋科学の導入に好意的であり、のちにロシアのプチャーチン提督と日露通商条約を交渉することになる川路聖謨《としあきら》は、直ちに私費でそれを翻訳し民間版元から出版した。1851年に最初の3部が清国船によりもたらされてから6年の間に解説も含め実に多種多様な抄本、訓点本、和解本など合わせ23点が出版され全国で流通した。

佐久間象山、吉田松陰、橋本左内、横井小楠などはそれに強い影響を受けたとされるが、そうした当時を代表する幕閣・大名・学者・活動家だけでなく、市井の知識人や豪商・富農など広範な社会階層に読まれたのである。

この二書を読んだ者は、単に西洋の近代技術や軍事知識だけでなく、フランス革命とアメリカ独立後の西洋の政治システムの革新こそが西洋の力の源泉であることを理解し、国を守るためには旧態依然とした幕藩体制や身分制度では、もはや西洋の侵略に対抗できないと自覚するに至った。万延元年（１８６０年）には福沢諭吉が咸臨丸に乗船してアメリカに渡り、「西洋事情」を１８６６年に刊行して詳しく西洋の政治システムを伝えた。

かくして、すでにこの幕末激動期には、日本の改革を考える者には、共和主義や上下二院制の国会などが広く知られ理解されていたのである。この時期、日本統治システムの改革を主唱した者は、ほとんどが共和主義的な政治理念や統治システムを理解し、身分差別をなくし、公家や大名による上院、そして下級武士や富農まで包含した広範な国民による下院という議会制度を主張した。

当時の代表的思想家の横井小楠はさらにそれを一歩進めて、日本が単に「富国強兵」を実現して西洋と対峙するだけでなく、日本を平和国家につくり上げ、その大義をもって世界平和に貢献するという「富国有徳」の思想を説いた。

これまで日本では幕末と言えば、尊皇攘夷と開国派、勤王と佐幕の争い、公武合体派と討幕派の争いというテーマに偏っていたが、実際は多くの理論家や志士は共和主義による新政権樹立を主張していた。しかし、薩摩藩を代表として、新しい政治システムの構築より、自分たちが徳川に代わって権力を把握したいと考える藩も多く、それが明治維新そして維新後の日本の政治の流れをつくった。

明治維新後も薩長藩閥政府に政権から排除された者は、西南戦争以後は自由民権運動に転じ、そこでも共和主義的な理念が中心であった。ではなぜ、日本に共和主義に基づく政権が成立しなかったのか？　ひとつは共和主義というものが天皇を否定するからであると主張するむきもあるが、そもそも共和主義は政治の統治者を含めて協働して国を支えるものであり、絶対的権力を持った者を否定するものではない。共和制が生まれた古代ローマでは、ローマ市民による典型的な共和制は外部からの異民族の侵入に対抗するため、やがては軍隊の司令官が皇帝になるような事態を迎えたが、それでも元老院（議会）が名誉称号を皇帝に与える形をとり、形骸化しつつも共和制は存続した。

近代においても絶対的実力者ナポレオンもあくまで共和国の第一執政であり、周辺諸国がフランス革命の余波を恐れてフランス攻撃に集結するという存亡の危機のなかで皇帝を宣言して帝政を敷いたが、彼の敗北以降ふたたび共和制に戻った。

そのように考えると、明治維新期において日本が共和制を採用しなかったのには別な歴史的状況を考えなければならない。

当時の幕府は、抜本的に徳川幕府の統治システムを変革し、外国との対等の外交関係と貿易関係を構築する意思も力もなく、その場しのぎの妥協的な政策を繰り返していた。不平等条約まで与えて西洋列強に妥協を繰り返す一方で、国内の反対勢力を締めつけるという保身的政権運営を繰り返した。その頂点が大老井伊直弼による安政の大獄であり、橋本左内、吉田松陰といった新しい時代のビジョンをもった思想家・活動家の多くが処刑された。

それに対し、当時３つの反幕府勢力が台頭した。そのひとつは尊王思想や外国排斥を主張するいわゆる尊皇攘夷勢力であり、第二は前述の共和主義的勢力であるが、それは幕府・諸藩・朝廷・有識者などによる議会をつくり、広く国民各層の意見を吸収する公議輿《こうぎよ》論《ろん》派とでも位置づけられるだろう。（注１）

しかし同様に近代化を求める勢力のなかでは第三の勢力すなわち、徳川に代わって自藩が政権につこうとする勢力、とくに関ヶ原の合戦以降、政治の中心から排除されてきた薩摩や長州といった外様大名の勢力とが拮抗していた。また薩長以外にも、政権交代の混乱を利用して自藩の勢力拡大を試みる勢力があった。

そして、最終局面で、その第一と第三の勢力が野合し、第二勢力を排除し横井小楠、坂本龍馬（注２）などの思想家や活動家を抹殺し、一方で天皇を神のごとき存在、そして統治の頂点と祭り上げながら実質的に自藩が支配するという薩長藩閥勢力が明治維新後の日本を支配し、このシステムがやがて軍の暴走を招き最終的に日本を太平洋戦争へと導いたのである。

我々が目指す共和政治とは何か

民主主義は大衆の圧倒的な数の力によって、腐敗した王権や国民を抑圧する独裁者の力を奪うことに意義があった。まさにデモクラシー、すなわちデモス（大衆）によるクラティア（支配）である。しかし、その後にどのような政体をつくり、どのような社会を発展させていくかに大衆が責任をもっていたわけではない。現実に民主選挙が実施されても、その結果として成立した政権が必ずしも期待されたものとはならなかった。

一方、共和主義による政治は「自律した国民の参加」によって形成される政治である。国民各層から立ち上がった「自律した国民」は政治を理解し、それと協働し、そして必要とあれば自らも政治に参加することが求められる。

現在の日本では、選挙で国民の代表として選ばれた議員も、必ずしも国家や自治体の運営に秀でた知識や能力を持った人間とは限らず、単に政治家になりたいという個人の名誉欲や利害関係のある組織の代表者によって運営されている事例があまりにも多い。何よりも議会は立法府と位置づけられながら、その実、憲法をはじめとするさまざまな法規則に十分な知識と認識のない議員も多い。さらに、国家や地域の将来ビジョンを持たず、また具体的な政治・社会・経済面における知識や認識が十分でないために、実際は行政官僚の操作されるままになっている場合も多い。

代理制民主主義のもとでも、個人は代表者を選挙で選ぶだけでなく、その選挙後の行為を監視し、絶え間ない意見交換を行い、また代理人である議員が必ずしも選挙民の意思を代弁していないと判断するときには、個人の意思が国会に反映されるように行動するべきである。それは街頭における演説やデモだけではなく、個人の意思が国会に直接に反映されるメカニズムを共和党は構築したいと考えている。実は日本国憲法においても国民による「請願」が明記されているが、現在では単に形式的なものにすぎない。既存の制度のなかにおいても、十分に使われていない民主主義的な制度を積極的に活用していくことが必要である。

自律的国民は自ら政治に参加することが求められる。人生一公職という言葉があるが、すべての国民も一生の内、一度は公職に就くのが望ましい。それは決して国政あるいは地方議会の議員となることだけではない。さまざまな政府審議会や行政の委員会や諮問会議などに参加して、国民一人ひとりが日本国や地域の運営に参加し、責任を持つことが重要である。

我々が目指す共和政治において、自律的国民は単に議員を選ぶために投票するだけでなく、さまざまな公的領域に自らも参加し、あるいは活動によってそれを支援する。

共和党の党員に関しては、そのレベルを超えて、各級選挙に立候補し、議員や自治体の長となり日本の政治・行政に積極的な責任を持つことが期待される。

実はこのような政治の方向性は萌芽的にはさまざまな方面で生まれつつある。司法の分野では多くの批判を乗り越えて裁判員制度が次第に定着し、無作為に抽出された国民が裁判において一定の役割を担うようになってきている。

行政においても、さまざまなＮＰＯ、ＮＧＯそしてボランティア団体や有識者などが行政に参加し、大きな役割を演じるようになっている。災害時にはそれが際立って報道されるが、日常においても、一般国民の行政参加は進みつつある。

将来課題として、立法府においても政党や選挙活動を通じて選出される議員だけでなく、政治に知識と理解を持った一定数の有意ある国民のなかから、無作為で抽出される者が国会や地方議会において議員として参加する道が検討されるべきと考える。現行の選挙制度のもとでは、どうしても政党や大きな組織の支援を受けた者、富豪や芸能・スポーツなどで名の知られた者が有利となる。少数で声の小さい者の意見というものは、立法府において反映されているとは言い難い。そうした少数者の声を問題の現場から吸い上げる意味でも、このような制度が検討されるべきと考える。むろん現在の憲法条文上の制約はあるが、社会変化を考慮し、憲法の精神に基き、何らかのプログレッシブな制度が期待される。

古代ギリシアの理想的民主主義理念では、すべての国民が政治に責任を持つべきであるということから、議員は抽選で国民のなかから選ばれるべきとされた。巨大化し複雑化した現実政治では非現実的であるが、そこに込められた理想の民主主義理念は何らかの形で現代政治システムにも生かしていくべきであろう。

共和とは何か

現在、民主主義的な政治制度を表すものとして民主制と共和制がある。いずれもギリシア・ローマ時代の政体に起源を持つ伝統的な政治システムである。ギリシアは何よりも専制君主を打倒するために民衆（demos）が支配する（cratia）という原則＝民主主義をつくり出したが、その後、選挙はたちまち有力者に悪用され、票の買収が行われ、ふさわしくない政治家が指導者として選ばれるようになった。そこで、それを是正すべく、悪質な指導者を追放するために陶片にその名を書いて投票箱に入れ、それが一定数になればその政治家を追放する制度（オストラシズム）が登場したが、それもたちまち買収や煽情的な非難などによって、優れた政治家が逆に追放される事態を招いた。民主主義は衆愚政治に陥りやすいシステムであり、この時期以後、フランス革命まで主張され採用されることはなかった。

古代ローマではギリシアの教訓から、民主制の代わりに、指導者と自律的市民が皆で公共を支えよう（res publica）と考えて共和制が採用された。そして前述のごとくローマは皇帝を戴きながら共和国であり、版図を拡大し、諸民族を吸収しながら拡大したが、大規模な民族大移動によってローマは分裂、崩壊し、共和国も失われた。

再び世界史に共和国が登場するのはルネサンス期である。15世紀からのルネサンス期に共和制度はフィレンツエなどのイタリアの都市国家で再生し、ルネサンスの社会基盤となった。そして、17世紀のイギリスでピューリタン革命期にジェームズ・ハリントン等によって短期間成立したのち、18世紀のアメリカ革命に開花した。アメリカはイギリスの支配から脱して独立した。この政治理念は再びヨーロッパに戻り、１７８９年のフランス革命によってフランス共和国が成立し、近代国家の標準的な政治体制となった。

共和政治を担う政党としても民主党、共和党が多くの国で混在しているが、歴史の過程で本来、進歩的で全国民的な協力を前提とする共和党が政権を担う過程で、残念なことに、むしろ保守化して大企業と結託して社会の進歩を阻害する傾向があり、現在のフランス大統領のマクロンは共和党ではなく、共和主義ではあるものの、政党名を「共和国前進」と変化させて自らの政党が進歩的・革新的であるように表現している。

アメリカでも18世紀中葉に南部で奴隷を使って大規模農場で綿花栽培を行っていた南部

の支配層中心政党である民主党に対し、北部のいまだ発展途上の工業地域で、奴隷制度反対をかかげてエブラハム・リンカーン等市民勢力は共和党を創設し、リンカーンはみずから共和党の大統領候補となり勝利した。その結果、南北戦争が起こった。

ところがこの北部勝利の結果、南部の豊かな農民層は土地を追われ、西部で無産の開拓民となり、その結果、民主党はより社会弱者に目を向け、その一方で勝利した北部は工業化が進み、軍需もあり、富裕層が共和党の支持基盤となるという逆転現象が発生し、それが今日の共和党は保守、民主党はリベラルという本来の姿とは逆転したイメージにつながっている。

なぜいま、日本に共和主義が求められるのか

徳川幕府の封建的な政治から近代国家に脱皮するために、本来、日本が求めるべき政体は共和主義と国際協調であった。しかし明治維新が実現したのは、天皇絶対主義と対外戦争だった。政治的には、天皇制という神格化された君主制のもとで藩閥政府による縁故主義、特定顧客主義、形式的議会であり、たちまち腐敗化と政争によって議会は機能不全に陥った。

日本が近代化において求めたのは政策的には富国強兵であるが、文化的には和魂洋才にみられるように、技術だけを輸入し、精神的なものは伝統社会を絶対視し、西洋社会が幾多の困難の結果つくり上げた基本的人権や人道主義、民主システムを軽視した。

その結果、アジアへの侵略、そして１９４５年の敗戦につながったのだが、皮肉なことに、その終戦直後から始まった冷戦構造により、日本は社会を惨禍に追いやった戦争の開

戦責任の解明や、敗戦とそこに至る路線の破たんを反省する暇もなく、直ちにソ連・中国など共産主義勢力と対峙するアメリカの体制に組み込まれ、戦争を遂行した官僚制度や保守勢力が温存されることになった。

日本は戦後焼け野原となった状況から再建を始めたが、初期段階において発生した朝鮮戦争が膨大な工業製品の需要と輸出をもたらし、冷戦構造がアメリカの巨大な市場へのアクセスを可能にした。多くの問題と社会的痛みを、そうした工業力の発展と高度経済成長が緩和した。

明治維新からの国是であった「富国強兵」は最終的には日本に破壊と社会の惨禍をもたらしたが、戦後には復興し、高度成長期を経て、やがて「ジャパン・アズ・ナンバーワン」と言われるように「富国成金」「富国傲慢」が日本の特徴と世界から目されるようになった。それは明治維新の時期に横井小楠が提唱した「富国有徳」とはまったく逆の方向だった。

しかし、現在は、もはや日本社会と経済に高度成長を持続させる条件はなく、ただひたすら成長すれば問題が解決するとの成功体験が、いまや日本の新しい道を見つける努力を阻害している。

日本はどこで路線を間違えたのか、我々は再び明治維新期の原点に戻って、新たな進路を探し、広く公議輿論に訴えて新しい社会を求めなければならない。それがいま、共和主義を再考し、新たな共和主義の運動を盛り立てていく理由である。もう一度、日本近代化の分岐点に戻って未実現の共和政体の道を模索しなければならない。

（注1）「維新史再考」三谷博著、ＮＨＫ出版、２０１７年。

（注2）横井小楠および坂本龍馬の暗殺に関しては諸説あり、直接の下手人は別として、その背後にどういう勢力がいたのかは立証されていない。赤松小三郎の暗殺に関しては薩摩藩が関係したことが明らかになっている。

第３章

この30年で一気に進んだ日本の存立基盤の崩壊

2つの世界大戦、人類滅亡につながる核戦争の恐怖が支配する冷戦時代を体験した20世紀が終わり、世界は21世紀に入ったが、明るい安定した未来への展望どころか、歴史に類のない不安定性と未来への不透明性の黒雲が覆いつつある。核の脅威は拡散し、地域紛争やテロの蔓延、破たん国家の拡大とそこから流れ出る人々の流れは世界の平和と安定を脅かしつつある。グローバル化した世界において、一部に極端な富の集中が見られる一方で、急激な貧困層の拡大が見られ、格差と差別が常態化している。

前世紀には予想だにしなかったIOTと称されるインターネットなどコミュニケーション技術の革新と応用そしてロボット、ドローンや遺伝子操作に見られるような高度技術は、自然条件や長い時間を経て形成された国家の優位性をも短期間で失わせてしまう。

事実、アメリカと中国が中心の5G競争においても日本はまったく蚊帳の外に置かれ、スイスの有力ビジネススクールによる世界競争力ランキング（2019年）では、日本は63ヵ国中30位（前年は25位）というありさまである。1位シンガポール、2位香港、3位米国で、日本は中国（14位）、韓国（28位）にも遅れを取っている。

この荒れる環境のなかで、日本はどのように舵取りをし、生き抜くことができるであろうか？　いま、日本にとって最も重要なのは、まず自分自身とその置かれた環境を見つめなおし、理解することである。孫子は「敵を知り己を知れば百戦するも危うからず」と戦略の基本中の基本を表現したが、現在の日本は世界がどのように変化し、いやその前に、自国がどのように変容しているか理解していない。

まず最初に我々は、日本自体がこの一世代、30年程度の間にどのように変容したか考察してみよう。

国家国民モデルの喪失

◎いまや内部性危機にさらされる日本

これまで、日本に深刻な影響を与えた危機の多くは、古くは黒船来航から近年のオイルショックまで、危機の要素は常に外からやってきた。それに対して日本は、その社会が歴史的に育ててきた能力や人材など持てる資源を最大限有効に使い、大胆に社会改革を行い、対応して生き残ってきたのである。

それに対し、現在そして近未来の日本の危機は日本の内部から、あるいはまた日本が依存してきた構造のなかからも生まれてくる。また、これまで外部からの危機に対して抵抗力となった日本の伝統的要素のうち、多くはすでに失われ、またあるものはそれ自体がリスク化している。

◎伝統的国家モデルの破たん

日本が立つ基盤の変化、そしてそこで生き抜くための国家モデルの破たんは現在だけではない。近代において日本が困難を克服するために採用した国家モデルは一時期、成功をおさめたが、時間の経過とともに、そのいずれもが破たんした。

①富国強兵モデルの成功と破たん

19世紀に入り産業革命を経て帝国主義的拡張を続ける西欧諸国そして、次々と植民地化されるアジア情勢において、日本は封建的な統治形態を放棄し、明治維新を断行して自国の独立と生き残りを確保するために軍備力と近代工業化に全力を投じた。それが「富国強兵」政策であって、すべての社会制度がその方向に向けられた。全国隅々まで広がる鉄道網、政府資金で推進された近代的な産業、近代的な軍隊、そしてそのような目的を支えるための人材育成が、当時としては先端的な学校教育の充実により進められた。

しかし、その富国強兵政策は、最終的には近隣諸国の植民地化と海外派兵につながり、やがて欧米勢力との衝突により、日本は敗戦、そして米国に占領されるという状況を生み出した。全土は戦争遂行により疲弊し、米軍の爆撃などにより工業生産は極度に減少し、海外市場は失われた。

実は日本が採用した富国強兵モデルには限界があることを、そして日本はみずからの文化・社会的資源を活用し、世界のなかで尊敬される「富国有徳」の路線をとることを主張した思想家がいた。それが横井小楠であり、幕末に彼の甥がヨーロッパに密航する際に与えた手紙には、日本は「富国にとどまらず」、「強兵にとどまらず」、その徳をもって世界で活動し評価されるべきだと書いた。

残念ながら横井小楠は政策の実現を待たずに暗殺され、薩長藩閥政府が牛耳る明治政府にこの思想も生かされることがなかったが、この横井の示した指針はまさにいまの憲法前文に表現され、その実現可能性は現代にこそ求められてしかるべきものである。

②世界の工場モデルの限界

敗戦によって日本は海外の植民地・市場のすべてを失い、空爆の破壊によって生産能力は極端に低く、国民は生存ぎりぎりの線まで追い詰められた。この状況を打開すべく、日本は戦後に平和国家モデルを進め、軍備を最小にとどめ、総力を経済復興そして輸出競争力の向上に注力した。また限られた資源を効率的に配分するために、官僚の力が評価された。やがて高度成長期を経て、日本は豊かな社会そして先進西欧諸国と肩を並べる存在となった。その政策を支えたのが、工場労働者、猛烈サラリーマンとその予備軍をつくる教育投資であり、熾烈な受験競争や巨大な受験産業、そして官僚を輩出する東大を頂点とする学歴ピラミッドが形成された。

経済成長は社会変化を促し、たとえさまざまな弊害や欠陥を社会に残しても、パイの大きさが拡大することによって、競争力の無い産業分野、日の当たらない社会階層や地域もそれなりに成長の利益を享受できる場合があった。また戦争直後からの人口増によって、多数の若者が少数の高齢者福祉や年金制度を維持するシステムが完成した。

1971年のニクソンショックそして73年のオイルショックにより、天然資源を持たない日本経済の脆弱性が指摘されたこともあったが、重化学工業を軽薄短小産業やエレクトロニクスの分野に資源をシフトさせ、日本のお家芸ともいうべき「モノづくり」がその欠陥を補って余りあった。

資源を持たない日本において、最大の輸入資源である石油の価格が一挙に7倍に上昇したことによって、日本の発展や成功にも陰りが出ると考えられたが、日本はエレクトロニクスなど新時代産業に投資し、成長を続け、生み出された新製品は世界市場を席巻した。

その自信がやがて過剰な日本の成功神話となり、日本は再び独善的な姿勢に転じた。安全保障と輸出市場をアメリカに依存しながら、衰退が始まったアメリカ産業および地域社会の困難を理解せず、「エコノミックアニマル」と揶揄された。それでも「ジャパン・アズ・ナンバーワン」と誇る姿勢は、国際社会から次第に批判の対象となってくる。

かつて横井小楠が啓示したように、日本は「富国強兵」のスローガンを推し進めた結果、戦争による惨禍と破壊を被り、他国に占領されて一国の独立を失うという悲劇を招いたが、再びその成功が今度は「富国傲慢」「富国独善」路線となり、世界の糾弾を受ける事態を招いたのである。

先の大戦の反省と教訓のなかから、アメリカ指導下で日本を統治する吉田茂総理と政治的に対立した鳩山一郎は、ヨーロッパで再び大戦を生じさせないという信念のもとで、後のヨーロッパ共同体の原型を提唱したクーデンホーフ・カレルギーの理念を取り入れ、日本が世界と協調しながら繁栄していくという「友愛思想」を前提とした日本の復興を提唱した。そしてその理念は日本のアジア諸国に対する賠償やＯＤＡ（政府開発援助）を通じて、アジア諸国の安定と発展に寄与し、世界平和に貢献してきた。しかし、再び日本は「富国強兵」路線の蹉跌《さてつ》と同じように、「富国」が国家としての精神性の向上ではなく、物質的繁栄や利己心の満足という「傲慢」路線に寄るという失敗に陥ったのである。

また日本は、冷戦構造のもとで共産主義のアジア浸透の防波堤となることが期待され、その見返りに巨大なアメリカ市場へのアクセスが保障された。繊維から始まって鉄鋼製品や車、エレクトロニクスに至るまで、アメリカ市場および自由貿易体制から利益を得ることになった。

しかしながら、工業製品の生産現場において展開された5S運動やトヨタ方式などのユニークな生産管理がいまや世界の基本モデルとなり、研究・応用され、高度な品質を極めて安価に大量に生産する技術は世界中に広がっている。もはや日本の独占物ではない。

日本がつくり上げた工場生産に最適なシステムは、そこで働く人々の教育もまた、工場生産に最も適した人材を育てる教育を生み出した。個性や大志を尊重する明治期の教育はいつしか、均一で間違いを犯さず、組織に従属的な人間を生み出し、生産へ資金を供給する銀行や生産のための資源配分を調整する官僚を目指すことが教育の中心となった。その頂点にある東京大学を目指すために受験のピラミッドが高校、中学どころか小学校、幼児教育まで大学受験に組み込まれていった。いきおい、いま世界が求めている独創的で国際的な視野を持つ人材の育成に遅れをとることになった。

このモデルでは女性の役割は、男性勤労者とその予備軍となる児童に対する家庭でのさまざまな世話や育児であって、その結果、女性の社会進出が他の先進国より大幅に遅れた。またこのモデルは、農村部より大量の人材を工場地帯と都市部に流出させた。都市部は過剰に拡大しまた都市特有の諸問題を深刻化させる一方で、農村部や山間部は人口過少となり、地域の環境保全やコミュニティの形成に支障をきたした。

このように考えると、日本が未来への対応に足踏みし逡巡する理由の背景には、日本がこれまで築き上げてきた国家国民モデルが現実の世界に対応できていないことがあると理解されるだろう。

崩れつつある日本社会の前提条件

◎内部構造的危機

伝統的資源や組織の長所を活用して、激変する世界情勢や経済システムの変化を巧みに生き抜いてきた日本であるが、20世紀末から次々と日本を襲うさまざまな外的内的な危機に対して十分に対応できなくなっている。

さまざまな外的危機に対し、日本政府は日本の統治・制度の構造的変革ではなく、社会の変容を促すこともなく、成功体験のある「成長主義」の続行・強化によってこの困難を切り抜けようとしてきた。財政危機、産業構造の変化、少子高齢化などの日本の構造的な問題を「さらなる経済成長」によって克服しようとした。2013年からはいわゆるアベノミクスによって、財政・金融・産業を野放図な成長路線に導こうとし、日本経済の根幹を一層劣化させた。

しかし、日本の成長期を支えた最大の前提条件はすでにない。それはかつて、1億の圧倒的な若い人口であった。彼らは工場で働き生産を拡大し、あるいは都市に流入して経済を活気づけ、消費を拡大しそれが再び生産と市場の拡大という好循環を生み出し、日本社会に残存するネガティブな要素を乗り越えていった。

いまや、そうした日本経済の好循環は逆のスパイラルを生み出しつつある。人口集中や価値観の変化によって少子化は進み、ついに人口減少社会に直面した。それは市場規模を縮小させ、かつて日本企業が享受した規模の生産性にも影響を与えている。

限られた資源を有効に配分する役割を担った官僚は、諸外国の経験やモデルそして先例をもとに産業や社会を管理し、日本の官僚は「政治三流、官僚一流」と世界でも言われるまでの評価を得た。しかし、いまや激変する国際環境や社会変化に戸惑い、独創的な発想で困難を切り開く能力のないまま、自己保身に走り、社会低迷の一因となっている。

◎日本の高度成長を支えた前提条件の崩壊

①人口大国、人口ピラミッドの巨大な底辺を構成する若者

日本は、天然資源には恵まれてはないが、人間という資源、人口が多いことがすべての経済・社会活動の基本にあった。これは決して、日本の歴史的条件ではない。アウタルキ

ー的な江戸時代には、利用可能な天然資源の制約のもとで、定常経済が存在し、人口抑制が行われた。しかし、明治の富国強兵時代あるいは帝国主義的な政策に基づいて、日本が大陸に軍事侵攻できたのも、必要な兵員を供給できたからに他ならない。当時の政府はさらに「産めよ増やせよ」と人口増加に拍車をかけ、若者が最大の人口となる人口ピラミッド構造が成立した。戦後にも外地からの帰還／復員人口流入、ベビーブームや生活レベル向上により、若者がたくさんいて活発に労働・生産し、消費する社会が成立した。

しかし、人口ピラミッドの底辺人口が減少したことにより、いまや高齢化が先進国では最速のスピードで進行した。そのことは高齢医療費の拡大、介護費用の増大そして年金制度へ深刻な影響を与えている。現在の日本はすでに65歳以上が人口の30％に達する高度高齢化社会となっている。それは生産減、消費減、税収減そして医療・介護費増を必然的に慢性的にもたらす。

日本の人口が１億人を突破した１９６６年の高齢者の割合は７％であったが、今後１億人を割るときの高齢者の比率は４割近くと予想されている。この激変にどう応えられるかが、日本社会の最大のテーマと言っても過言ではない。

②冷戦構造がもたらしたアメリカの自由市場の獲得

日本の敗戦によって、アメリカが太平洋においてソ連そして中国・北朝鮮など社会主義勢力と直接対峙することになり、アメリカは日本を社会主義勢力に対する防波堤として活用することになった。終戦後わずか5年の後に発生した朝鮮戦争がその構想を裏打ちした。結果、アメリカは本来保護主義的であった自国の巨大な市場を日本に開放し、日本は戦後の玩具輸出から始まって、繊維製品、鉄鋼製品、造船そして工業製品と、製品を高度化させ、すさまじい勢いで生産と対米輸出を継続して拡大した。

③冷戦構造の崩壊からアメリカ一国主義の登場

戦後、世界を構成する最大の構造は米ソの対立であった。双方は資本主義陣営と社会主義陣営を構成し、激しく競い、争った。そのような状況において、膨張する社会主義圏の防波堤として日本はアメリカの管理下にあり、その見返りにアメリカは膨大な自国市場を日本企業に開放した。そのことが戦後の日本の成長を進めた最大の要素であった。

その冷戦構造と対立関係が1990年代に崩れると、その接点で紛争が続発するようになった。そのなかでも石油利権がからむ中東・西アジアでは紛争は激化し、アメリカは当初は世界の一極支配を模索するも、それに失敗し、結局、世界の警察官・管理者としての立場から次第に身を引くようになった。

そして21世紀に入ると、経済面においても、オバマ政権はＴＰＰのように、一見自由貿易拡大を装いながら、実はアメリカの利益確保を目指す政策に転換した。

さらに、アメリカ第一主義を掲げるトランプ大統領の登場によって、アメリカは自由陣営の盟主から、自国の豊かな資源によるアウタルキーあるいは自己中心的なブロック経済を目指すようになり、隣国のカナダ、メキシコそして太平洋を挟んで日本にさまざまな圧力をかけ、自由貿易どころか、むしろ近隣窮乏策に近い政策に乗り出すようになっている。

④中国の台頭と膨張

社会主義体制の非効率・低い生産性と成長に悩まされてきた中国は１９８０年代からの改革開放政策が実り、21世紀に入ると、爆発的に生産と貿易を拡大し、いまやアメリカに次ぐ世界第2位の経済大国の地位を獲得した。中国は高度成長を続け、その経済は次第に日本に代わって東南アジア経済圏に大きな影響力を持つようになった。その膨張性は太平洋地域そして一帯一路構想のように、ユーラシア大陸をカバーする巨大な経済圏を生み出そうとしている。

その膨張する中国に対し、日本は本格的な対応戦略を欠いている。それはある意味において当然である。阿片戦争後の170年間、規模は大きくても主権国家としての脆弱性を露呈し、分裂と混乱を繰り返し、また長い間社会主義的な政治経済運営によって経済的には弱小の存在にすぎなかった中国が、貿易のみならず金融や技術において世界をリードし支配力を行使するような状況は、日本は体験、いや想像したことすらなかった。その意味で、日本は阿片戦争後170年間、体験したことのない事態に直面していると言える。

⑤グローバル化による日本独自性の喪失

アメリカからの強い投資要請により、主要な日本企業は輸出から投資に企業経営を転換させ、日本での工場生産は低下の一方となった。その一方で、グローバル経済の進展から、日本に独自制度や慣行の修正を要求する国際的圧力が加わり、日本の経営慣行、終身雇用制度などが次々と劣化、崩壊していった。同様に、官庁の家父長的な保護育成や、メインバンク制度のように金融機関と一体化した企業経営など、成長を支えた日本的ビジネス慣行なども消滅していった。

1億を超える均一で豊かな市場は、生産においても消費においても、一国で規模の生産性を確保するのに十分であり、小規模な国内市場しかもたない韓国と比較して競争力において有利な立場にあった。しかし、いまや韓国、台湾そしてアジアの多くの国は、新製品が開発されると、直ちに全世界の市場に販路を得て、規模の経済性を獲得し、日本との競争でも有利な立場に立つような事態となった。

労働も正規雇用中心から非正規雇用中心に変換し、結果的に日本が享受していた企業への忠誠心、作業経験の伝習などの長所が失われ、日本が誇った高い生産効率や品質にも影響が出るようになった。

生産・流通・販売市場がグローバル化することにより、各要素をつなぐサプライチェーン・バリューチェーンが形成され、日本はこれまでの製品優位に基づく競争力と自主貿易管理力を失うことになった。たとえ一部の製品を管理しても、それは長いグローバルのサプライチェーンの一部にすぎず、その供給責任・管理責任が問われ、影響が日本に跳ね返ってくる可能性がある。

竹島を巡る緊張や日韓外交関係の悪化により、韓国で徴用工問題訴訟が激化し、在韓日本資産にも影響がでるようになった。これに対して日本は日本に圧倒的な競争優位性のあるエレクトロニクス素材3品目を安全保障上の理由で輸出制限する措置に出たが、前述のごとく、それが思いもかけぬ形で国内産業に跳ね返ってくるかもしれない。そのような危険をはらんだ状況にあることを肝に銘じておく必要がある。

脅かされる日本の存立基盤

◎縮小する国内市場、過去の栄光の足かせ

日本の経済力、経済成長そして国際競争力を支えたひとつの要素に、１億人を超える単一で巨大な国内市場がある。そこで規模の優位性を生かし、世界市場へ輸出した。しかし、現在のグローバル市場のなかでは、それはユニークで小さい存在になりつつある。それがガラパゴス化といわれる所以だ。

かつて、豊かで巨大な若年人口は、日本という単一市場だけで規模の収益性という長所を与えた。日本で開発された製品は日本語を使用する１億人の市場だけでも収益性を確保し国際競争力を持った。逆に言えば、韓国のように人口の比較的小さい国はなかなか規模の生産性を高めることができなかった。しかしながら、今日のエレクトロニクスをはじめとする韓国の工業製品の輸出拡大は、ターゲットを韓国国内ではなく、最初からグローバルマーケットを対象として製品化を進めたことによる。

もうひとつ見逃せない要素は、過去において先端的で効率的であったがゆえに、現在の急激な環境変化についていけない問題である。電子マネーや携帯利用の支払いシステムなどは、中国で猛烈なスピードで進化し、現金を介在しない決済が支配的になったが、日本は過去の栄光を引きずっている分対応が遅れる傾向がある。

◎グローバル経済の時代の覇者は中国

いまやグローバル経済において、日本の1億人の市場は地方的で特殊な市場に他ならず、グローバルスタンダードにおいても特殊で、小規模な市場であり、規模の経済性を享受することができない。この点は13億の人口を有する中国で開発された製品やシステムが一瞬のうちに競争優位に立ち、グローバル市場を支配するに至ったのと対照的である。

中国は日本や他の先進国より大幅に工業化に遅れたがゆえに、新技術は最先端の実験レベルに等しいものまで現実に取り入れることができる。携帯電話分野での爆発的な進歩は国内の電話通信網が遅れていたせいでもある。結果的に5Gのような先端技術で世界をリードすることになった。

戦後ほぼ60年間中国は社会主義で人民は貧しく市場規模は小さかった。しかし、いまやアメリカ市場の規模を超える巨大市場となりつつある。そのアメリカとの間で貿易紛争が発生するのは必然ともいえる。

◎日本の庇護者から収奪者へと変貌したアメリカ

そのアメリカは実に70年間にわたって日本の安全保障を保護し、アメリカ市場を開放することによってその経済的側面を助けた。日本が戦後経済から回復し、対米輸出を激化させるなかで、やがて１９８０年代には日本に安保ただ乗り批判が投げかけられ、経済摩擦は激化した。しかし、アメリカの国力の相対的縮小に伴い、アメリカは次第に日本収奪の方向に舵を切り、ついにトランプ政権は安倍政権に対し２国間で経済バランスをとることを要請するまでになった。安倍首相はゴルフなどで盛んにトランプ大統領の機嫌をとろうとしているが、日本の自動車産業と農業は大きなダメージを被ることになるであろう。

長らく日本の基本戦略は「加工貿易」すなわち、原材料・資源を輸入し、それを加工して付加価値を高めて輸出し外貨を稼ぐところにあったが、そういういわば国是に近い国家運営の手足を縛る政策をアメリカは要求するまでに至った。

巨大リスクとしてのアメリカ

歴史を振り返れば、アメリカの存在はそれ自体、日本にとって最大のリスク要因であることが自覚されるべきであった。太平洋戦争は元はと言えば、太平洋を挟む二大工業国がアジア市場をめぐっての衝突であり、膨大な人的犠牲のもとで日本に勝利したアメリカが、二度と日本と太平洋で覇権を争うことがないように、日本の間接支配にさまざまな施策を講じたのは当然と言える。財閥解体や官業民営化のような自由市場化促進政策や、農地改革などの社会基盤政策もそのような意図のもとで進められた。

アメリカの誤算はこのように戦前の日本経済と競争力を弱めるために導入された施策の結果、日本の産業が逆に活気づき、輸出を拡大しアメリカへの進出を果たし、いつの間にかアメリカ国内経済への脅威となったことである。

1970年代からの繊維摩擦が激化し、それがやがて自動車摩擦そしてエレクトロニクス分野での競争激化に発展した。アメリカ政府は自国産業の敗退を立て直すべく、当初は関税から始まり、さまざまな対抗措置を講じたが効果がなかった。１９８０年代に至り、日本の競争力の源泉からその進行をブロックしようと、日本のカンバン方式の生産システムや複雑な流通経路の研究などを経て、日本に対し、制度改善を要求するようになってきた。

その結果、日本では大店法が制定され、メインバンク制による銀行の企業融資、終身雇用による技術の高度蓄積や一般従業員・労働者までを含む経営の一体性など、さまざまな日本的慣行にまでメスが入れられ、日本は次第に独自システムから生まれる効率を失っていった。さらにまた郵政事業民営化問題は国政そのものを大きく揺るがすことになった。

これらの要求は年次改革要望書という形で日米両政府が相互に相手国の制度などの問題点をまとめた文書によって実現が図られたが、日本側の要望が実現されたことはなく、事実上は、一方的にアメリカ側の要求を日本が呑むことになっていた。（注１）

民主党政権が成立し、鳩山内閣はこのメカニズムを廃止し、さらにアメリカ側から突きつけられた要望書は受け取りを拒否した。これに対しアメリカ側は日米経済調和対話やＴＰＰ個別交渉など別な形で日本に圧力をかけ続けることになった。

今日、日本の産業社会が直面する困難の多くは、日本の効率的な独自システムを研究し、その長所を減じる形で日本に制度改革を迫って実現させてきたアメリカの政治力に派生するものである。

1990年代そして21世紀に入ると、アメリカ国内産業の衰退は著しく、アメリカは次第に世界経済の管理者の地位から滑り落ちるようになってきた。そこから、アメリカ独自の生き残りを期して打ち出してきた方策が、アメリカの巨大国内市場、湾岸戦争によって確立した軍事的優位と国際政治力を活用した地域経済圏構想である。カナダ、メキシコとNAFTA（北米自由貿易協定）を成立させ、アメリカがリーダーシップを取れる経済圏をつくり上げた。

この手法はオバマ政権のTPP構想へと発展した。それはさらに範囲を広げて環太平洋における自由貿易圏を確立するものだった。日本ではそれは自由貿易拡大ととらえていたが、実際はさまざまな方策によって、アメリカの経済支配を日本に及ぼす計画であった。

この段階で、日本はアメリカの経済競争相手から、アメリカ経済と一体化する存在と変容を迫られた。アメリカは日本の効率性を内部化すなわちアメリカの経済システムに取り込むことによって日本の経済を直接管理下に置こうとした。

皮肉なことに、TPP構想自体はアメリカ議会の反対によって頓挫し、最終的にトランプ政権の誕生によって廃棄されたが、アメリカ議会の反対はそれが自由貿易を阻害するからではなく、日本への要求の水準が低すぎることにあったことは日本には伝えられず、理解もされていない。

アメリカはTPP構想段階で、為替管理や制度改革などによって日本の貿易競争力をそぐ、さらに日本との貿易収支をバランスさせることを計画していたが、次に登場したトランプ政権はあからさまな「アメリカ第一主義」を掲げ、貿易不均衡は産業競争力の結果を反映するものとは考えず、結果の均等すなわちアメリカからの輸出と日本からの輸出をバランスさせることを要求するようになった。

この段階で初めて日本側にも、アメリカが長年にわたって取り組んできた「日本経済封じ込め政策」がおぼろげながら理解されたのである。さらにトランプ政権は独自の世界観から世界をアメリカの同盟国と敵国に分け、イランなどを敵国に位置づけして、経済制裁の強化に乗り出し、イランとの貿易国にもそれを強要した。そのことはとりもなおさず、同国から大量の石油を輸入し、同様に大量の工業製品を輸出するEUそして日本に深刻な打撃を与えている。

この結果、世界中に工業製品を輸出しまた資源を輸入しなければならない日本は、完全にアメリカの管理下に置かれるようになったのである。

このように、現在のアメリカが日本にとって、本質的な巨大リスクであることは次第に理解されるようになってきたが、そもそも、日本はずっと以前からこの潜在的リスクが内部に組み込まれていたことも自覚しなければならない。

しかし、現実には、安倍政権も野党もこのことをどこまで理解しているか、疑わしいと言わざるを得ない。

成功体験にこだわり、危機的状況を認識できない日本

戦後の焼け跡から産業を再生させ、ニクソンショックによる通貨危機、二度にわたるオイルショックなどを生き抜き、成長してきた産業界と日本経済にはその成功体験がもたらす現実把握の認識不足がある。

日本は技術革新を進め最新技術を取り入れているつもりだが、現実には周回遅れになっている。かつては日本の製品と技術の輸出先だった韓国・台湾さらには東南アジア諸国でも先端技術・最新技術の導入や応用は日本の先を行っている。

日本の品質管理やモノづくり能力は抜群と思っていても、それを支えた人材は高齢化し職場を離れている。ロボットやドローン、風力や太陽エネルギー利用など日本が当初リードしていたものも、もはや十八番ではない。

日本は教育に投資し優れた人材を輩出していると誤解している。国民の理解も同様であ

る。しかし、基礎科学分野でノーベル賞受賞者を輩出しても、それはあくまで過去の投資であり、現実の基礎研究だけでなく、哲学や言語などの人文科学分野・社会科学分野は大きく遅れ、教育投資は先進国最低、内容も後進性が顕著になりつつある。

日本を取り巻く環境変化にも日本はついていけない。冷戦構造崩壊後、アメリカ主導によるNATOの東方拡大で窮地に追い込まれたロシアは、ようやく混乱から立ち直り、経済制裁の包囲陣のなかでも徐々に体力を回復しつつある。そのロシアに対して、日本はどのように対応すべきか、ロシアを含めた北東アジア環境のグランドデザインを描くことができていない。北朝鮮、中国は共産主義国家であり、これに対して日本は、自由主義のアメリカ・日本・韓国の3国で協働して対抗すると言っていても、現実には、韓国は北朝鮮との連携に進み、アメリカは北朝鮮と首脳会談で国交を再建しようとしている。

日本は「安全と水はただ」と言われたが、新犯罪（オレオレ詐欺など）は蔓延し、水道や道路など高度成長期につくられたインフラの老朽化が目立つ。

かつて、日本は地震国だからJIS規格のもとで耐震性に優れた建築をしていると自慢していたが、現実には次々とずさんな安全体制が暴露され、何よりも阪神大震災や3・11津波で災害に強い日本はまさに張子の虎に他ならないことが明らかになった。

要するに、日本は自分が置かれている危機的状況を理解していないのだ。いわば、空間識失調（注2）の状況にある。

モデル喪失社会である日本を変える

「富国強兵」「忠君愛国」のスローガンのもとでつくられる人間のモデルはよし悪しは別としても、それはそれで確固としたものがあった。一方、戦後においては平和を愛し、小市民的な生活の向上に地道に取り組む人間のモデルもあった。企業においては、いわゆる終身雇用制のもとで、教育を終えて自分が勤める会社は自分の人生そのものだという誤解があった。戦後の傾斜生産方式や重化学工業推進の過程で通産官僚や大蔵官僚が実力者と見なされ、そこに人材を供給する東京大学を頂点として、東大に入るためのいい高校、そのための中学に入るための入学試験が日本の教育の根幹をなすようになった。従い、官庁に就職できる、あるいはその次のランクである大企業に就職できる大学に入学するための受験勉強が教育の中心課題であり、それを補助する予備校や受験勉強の塾などが、少年さらには幼児すら拘束するようになった。

いま、受験産業自体は相変わらず盛んだが、その対象となる大学は過剰となり、定員割れを起こしている。また、いままでは有名大学を出ても就職できる保証はない。大企業はすでに工場を海外に移転しており、安定した就職先の代名詞であった銀行は国際化の現代、厳しい状況にある。

このように、国家や社会が求める人間のモデルが崩れているのに、社会はいまだに旧モデルを踏襲しており、個人にも家庭にも現状認識は乏しい。

いまこそ、新しい人間のモデルをつくっていかなければならない。それはまさに「ゆりかごから墓場まで」のように、誕生から育児、幼児教育、初等中等教育、国際化、職業教育、高度な研究教育、そして定年後の生活から個人の死、そして残された者への配慮まで、１００年の人生を想定して、新しい人間モデルを考え提示していかなければならない。

教育は、いい大学に入るための受験教育ではなく、将来人生を豊かにし、人生の後半において充実した生活を送れるように、そして晩年においては自分のやり残したことに取り組み、人生を振り返って「いい人生だった」と満足できるための教育が必要となる。子供の幸福のためによい大学そしてそこに到達するエスカレーターに乗り込むための塾に子供を送り込むことに熱心であるより、むしろ子供が健康に育ち、個性を伸ばし、自分が見つけた道を進めるように支援していくのが育児の中心とならねばならない。

健常化社会とそこにある新たな希望

成長神話と成功体験へのこだわりを捨てて、現実に日本が置かれている環境と自己の能力を見れば、おのずと新しい道が見えてくる。それは「定常化社会」(Steady and Stable Society) における充実、成熟と発展である。我々はそこに環境・エネルギーなどの視点を加え、「健常化社会」と再定義する。

◎低成長・少子高齢化こそ日本のチャンス

現在の低成長期、これを日本経済の弱点・欠陥と考えて、一層の成長戦略によって克服しようとする政策はことごとく失敗しつつある。むしろこれを「適切な人口規模」に着陸するチャンスととらえ、新しい政策を打つ必要がある。これまで述べてきたように、日本の人口増加は富国強兵政策による兵士の確保や世界の工場での労働力増加を目的としていた。そのような要件が不必要となれば、むしろ人口は過剰であり、工場や住宅地は過度に自然を占拠していると言わざるをえない。

日本に戦後の、第二期の発展を可能にした条件はもはや存在しない。アベノミクスと称された金融・財政の野放図な拡大や公共投資なども成果を生まず、統計上の雇用は増大しても非正規雇用が拡大して社会の安定性を阻害し、格差、貧困が子供の世界にまで広がってしまった。

日本が世界に誇る国民皆保険制度も次第に劣化し、自由診療拡大や自己負担率増大などで、国民健康保険制度が変容をせまられている。

圧倒的に多くの若者が少数の高齢者を支える制度設計の年金制度も破たんしかけている。参議院決算委員会（２０１９年6月10日）で麻生財務相が「定年後の年金暮らしで２０００万円が不足する」と発言し、その根拠となった金融庁報告書（注３）を麻生氏が受け取り拒否するという珍事が発生した。その背景は老後の資産形成には年金では足りず、投資などの上手な資産形成が必要との財務相の主張だが、図らずも、２００４年小泉政権（安倍首相は当時、自民党幹事長）の「１００年安心」のはずだった公的年金計画が破たんし、高齢化社会の到来により有名無実化しつつあることが露呈した瞬間だった。

日本の国是でもある加工貿易的な輸出は、トランプ政権の二国間貿易交渉や一方的な高関税賦課に見られるように、アメリカ市場は将来は期待できず、世界貿易も保護主義化の可能性がある。急速に拡大する中国とアジア市場への取り組みは遅れている。

日本の1億を超える以前の豊かな単一市場は、もはやグローバル経済のもとでは、規模の経済性を享受することができず、日本企業も雪崩を打って、海外投資海外生産へシフトし、国内では雇用減、地方ではシャッター街と言われるようになった。

中東アフリカに特徴的な宗教対立や地域紛争から無縁であった日本は、いまや成長を続ける中国との摩擦、北朝鮮の非核化問題、米中の対立などを勘案すると、世界的には中東と並んで、紛争の勃発しかねない危機地帯であると考えられるようになった。

戦後の成長期においては個人の人生の成功を導いたかもしれないことも、もはや現代には必ずしも有効ではない。小さいときから塾通いを続け、よい大学に入りさえすれば幸福な人生が送れるというような人生はもう存立しない。

さまざまな問題や矛盾を緩和する「成長による便益」はもはや期待できない。社会は成長ではなく、循環経済、定常化の方向にある。

そこでは、環境等の拘束のもとで、同じ経済規模を維持できる健常経済の路線が必要である。教育は経済成長や産業の発展ではなく、国際化や産業構造や市場変化に敏速に対応できる能力の開発、他の追随を許さない高度技術や「モノづくり」、そして個人の人生を豊かにすごす文化や知恵の醸成に注力すべきであろう。

世界のどの国よりも早く高齢時代を迎えている日本は、世界のどの国よりも早く、高齢時代にふさわしい持続可能な社会モデルを提示できるチャンスなのである。

◎国土再編成による都市と農村との新しい連携

生徒数が激減した小中学校の廃校や、限界集落と総称される過疎地域などが報道されるが、それは長い歴史のスパンで考えれば、自然現象であるともいえる。自然災害が発生するたびに、被災地の多くが昔は人が住まなかった地域であると指摘されることも多い。戦後、外地からの引き揚げ者に供給された土地や高度成長期に拡大した住宅域も精査して、農業や居住の適地かどうか再確認するべきであろう。

健常化社会への移行を契機に、日本の国土のあり方、使い方を根本的に見直す必要がある。特に農業と農村の質的転換が急務である。日本が現在のグローバル経済のなかで生きていく以上、グローバル経済の現実のもとで農業も考える必要がある。既存制度・農業法にとらわれることなく、土地の利用をエネルギー開発などの新しい視点も取り入れながら再構築していくべきであろう。その意味では、農業を行いながら太陽光発電を行うソーラーシェアリングは、まさに農業と農家に新たな光を与えることになると思われる。

日本の中山間地農業の限界や土地の狭さを指摘する声は当然だが、世界では国土の半分が海水面下にあるオランダや最高峰が海抜170mという低地デンマークのような自然条件の不利な国が農業国として競争力を持ち、日本と同じように山地の多いニュージーランドも世界有数の農業国として知られる。

かつて世界の穀物市場を動かした北海道の農業、小津監督代表作の「麦秋」のように現在の首都圏にまで広がった麦畑、緑の山々を見れば、アメリカとの関係も含め、日本の農業と農村は抜本的な改革が可能なのではないだろうか。

地方都市の荒廃や目抜き通りのシャッター通り化を考えると、都市部の再編も急務である。かつては街道筋に発展した都市部であるが、人口減少と経済縮小で、車の通る道路は逆に閑散として魅力ある商店街としては残り得ない。農村と連帯したり、新たな都市の魅力を組み込んだ都市設計をする必要がある。

（注1）「日米規制改革および競争政策イニシアティブに基づく要望書」（The U.S.-Japan Regulatory Reform and Competition Policy Initiative）、94年ごろから始まったアメリカ政府の要求により、法科大学院設立、医療の高額化、外資系保険優遇などが実施され、さらに労働者派遣法改正などによりワーキングプア状況の発生など、日本社会の根幹部分に大きな影響を与えた。

（注2）超音速戦闘機のパイロットが、高いGを受けて自機の姿勢がわからなくなり、空に向かって上昇しているつもりで海に突入してしまうような状況。

（注3）「高齢社会における資産形成・管理」金融審議会　市場ワーキング・グループ報告書、2019年6月3日。

第4章

劣化した民主主義を救う新たなシステム

形骸化した既存の民主主義システムでは、日本の置かれている窮状からの脱出は困難である。時間が経てば経つほど、状況は絶望的になってくる。

過去の権益にしがみつく与党は日本社会の隅々に浸透した既得権益の網を変えようとしない。それを維持することに保守化し、保身化した国民の強い支持があるからである。

それに対する野党勢力はそうした旧来のシステムに代わる代替案（アジェンダ）と、新しい社会への道筋（ロードマップ）を用意することができない。政府の個々の政策に反対するということは相手の政策前提のなかで異を唱えることであって、新しい社会をつくり出す能力ではない。「反対」を声高に叫ぶ野党も結果的に旧来のシステムのなかで、既得権益を確保するために保守化し、与党勢力とすみ分けている。

形骸化した既存の民主主義諸制度を超えて、新たな時代に向かう政治的精神性が必要である。こうした視点と視座を提言したのがアメリカの社会学者でコミュニタリアンのアミタイ・エツイオーニによる「次の善き社会への提案書」とも言うべき「ＮＥＸＴ」である（注1）。

彼は既存の民主主義諸制度での行き詰まりにより、単なる改革では真の問題解決にはならない、新しい制度のパッケージ＝次の民主主義制度＝ＮＥＸＴが必要であると主張した。

アメリカ社会が向かうべき、その次の制度のパッケージを新しい黄金律（注２）として提示した。

この発想は日本にも、いや日本にこそ当てはまる。高度成長期が終わって停滞の20年と言われるが、小泉改革の名のもとに極端な民営化・自由化が行われ、安倍政権のもとでアベノミクスと言われる無謀な成長路線の追求が見られたが、日本はいまだに停滞の迷路から脱出できない。それはある意味で当然である。高度成長というのも、確かに日本のこれまで積み重ねてきた努力が開花したとはいえ、日本があのように急激な成長と拡大を達成できたのは、そこにモデルがあり、目標となる先行者がいたからだ。

日本が今後も定常的な持続する経済を維持するには、以前の条件で最適化している日本社会を次の「善き社会」へ体質改善をダイナミックに進めていかなければならない。

共和党が目指す「次の日本」

日本政治がこれほどの退廃と停滞の状況に陥っている以上、単にこれまでの政治土壌の上に新しい政策を積み重ねても意味がないであろう。腐った土台の上に美邸を建設しても、それは砂上の楼閣に異ならない。土台に新たな土を入れ、固めて、その基盤の上に新しい構造物をつくらなければならない。

まず、日本がかつては持っていた価値やよい慣習などを回復させ、そのうえで新しい国家の目標として、国民の幸福の実現を掲げる。家を持たない家庭が「いつかは自分たちの家を持ちたい」と思う先に実現するものが幸福である。それを大豪邸にするまで求めるのは個人の嗜好であり、そこまで援助するのは社会の幸福実現ではない。

どこかに人々が「幸福だ」と実感できる水準があり、政治はそこに至る条件を整える。その水準を超えるものは、国家の目標ではなく、個人の大望に他ならない。そうした人々の求める幸福の全体が「次の日本：ＮＥＸＴ　Ｊａｐａｎ」になる。

そうした持続的幸福の状態が確保できる次の「善き社会」をつくり上げる柱として我々は正義・美徳・卓越・友愛の４つの公準を提言する。それは、以前には日本において社会を支える大黒柱として存在していたが、いまは浸食され、細まり、いつしか、壁の内部に吸収されてしまっている。

◎正義、美徳、卓越と友愛の回復、そして幸福の追求

共和党は「次の日本」の形成を正義、美徳、卓越と友愛の回復から始める。回復しなければならない、そして回復できると信じるのは、かつて日本にはこのような価値が存在し開花していたからである。近代以降の歴史をとっても、枚挙にいとまないほど、以前の日本社会には事例が多く存在した。しかし、現代社会においてそれらはあまりにやせ細り、消滅しようとしている。何よりも、こうした価値を公然と議論することすらなくなっている。さまざまな事件をワイドショーでコメントするのは、その分野の専門家でもなく、芸能会社に籍を置く芸能人やそれに類した自称専門家、それに政府の主張を代弁する元官僚の学者などである。そこでは正義や美徳は論じられない。しかし、そのような番組は先進国では珍しい。情報番組と娯楽番組との結合は各国で問題となっているが、

それでもそこでコメントする人は専門家であり、番組づくりやシナリオづくりも、それなりの倫理、専門知識や学習が前提となっている。
ＮＥＸＴ Ｊａｐａｎのために新しい正義・美徳・卓越と友愛の形成のためにも、まず過去の水準までそれらの価値を回復しなければならない。

◎正義の回復

政治において正義の回復が急務である。森友学園問題や加計学園問題のように明らかに不正があるものでも、なぜこんな巨額国費の提供があったのかがわからない。現在、政治の腐敗は微細なものこそマスコミで面白おかしく報じられ激しく追及されるが、政権与党国会議員の腐敗行為の実態が報道され、さらに辞職に追い込まれたりする事例はほとんど無くなってしまった。かつては疑獄事件として政変や政局につながったが、いまでは常識的には逮捕の対象になるような事件であっても、それが政局につながることはまれである。

日本では正義を守るための機関が法務省であるが、それは法を守ることを意味する。一方で世界ではそれはMinistry of Justiceすなわち正義省であり、社会正義を守るのが役割である。日本では、一部にザル法とまで酷評される法律を守るだけの存在にすぎない。

正義は多分に価値判断がからむ概念であり、さまざまな論議が巻き起こるはずだが、日本ではそのためか、現代では正義を論じることが少ない。

その日本の法の頂点にあるのが、憲法である。憲法には、政治家もその一員であるはずの公務員は特定の利害のためではなく、国民全体の利益のために働くとある。しかし、現実には公明党に見られるように、特定宗派の宗教団体と事実上一体化していると考えられる状況や、それ以外にも特定宗派の支援に頼り、その支持をあからさまに公言する政治家は多い。特定団体や労働組合出身の候補者や政治家は「組織内候補」「組織の政治家」であると公言してはばからない。

沖縄では住民の要求を無視した辺野古基地建設が強行されているが、そもそも冷戦構造崩壊後になぜこのような基地建設が必要であるかについて合理的説明がなく、憲法上戦争を否定している国が戦争遂行の機関である外国の軍事基地を受け入れ、また自治体による自治を前提としながら、基地を受け入れるか否かを地域が決定できるのかできないのか、説明も合意も明確でない。

要するに法も規則も制度も、重要になればなるほど明確でなくなるのは、その前提となる正義がしっかりと議論され結論づけられていないからである。

このように憲法違反の実例が蔓延しているなかで、行為や政策が憲法に合致しているか否かの判断がされていない。その理由の一端は、砂川裁判に見られるごとく、高度な政治判断をアメリカ大使館にお伺いを立てたりする戦後体制の継続にある。しかし、その最大の理由は統治行為論の適用であり、国家統治の基本に関する高度な政治性を有する国家の行為に対しては、司法審査の対象外としてしまったことにある。正義の判断を司法は放棄したのである。一刻も早く憲法裁判所の設置が望まれる。

正義が失われているのは政治ばかりではない。経済運営、企業経営、労働、教育、福祉等の分野でも、かつて存在した正義そして正義を推進するシステムが失われ、ご都合主義や身内優先などが蔓延している。日本社会の隅々まで、正義の実態を調査把握し、失われた正義を回復しなければならない。

これほどまで正義がないがしろにされている先進国家は他には見つからない。一刻も早く正義を回復しなければならない。無論、正義は単一の絶対的なものとは限らない。立場や組織、国際環境、時代の変遷によってそれは変化する可能性がある。すなわち正義の定義で議論するのではなく、国民が広く「正義」であると合意できるものを求め、その正義を厳格に守る必要がある。

政治や社会規範に「正義」が必要だというと、必ずその詳細な定義を求めたり、具体的内容を求めたり、あるいは特定の事例を挙げて正義か否かを問う者がいる。そして少しでも説明に漠然とした部分があれば、直ちに「正義」など相対的で定義できないものだと主張する。

ではそういう人物にとって「正義」は必要がないのか？　そんな人間はいないであろう。重要なことは、現代の日本政治そして日本社会において何らかの「正義」が必要であることは疑い得ないのに、誰もそのテーマや内容や現実の具体的基準について議論し、意見の収束を図らないことである。

我々はまず、皆が「それが正義だ」と合意できる共通善としての正義について議論を始めなければならない。

◎美徳の復活

「美徳」はこれまで宗教や道徳の分野で論じられることがあっても、政治の分野で論じられることはなかった。政治こそ最も「美徳」と縁のない分野で、むしろ「悪徳」のシンボルですらあった。政治に携わる者がよく話す「無名より悪名」というのは、善人で非の打ちどころのない無名の人よりも、たとえスキャンダルや汚名でも「有名な」人のほうが候補者として好ましいという鉄則であり、現に不倫や収賄で、週刊誌などで糾弾された人物が堂々とトップ当選を果たすのが現実である。

では「美徳」は政治の分野では不要なのか？「美徳」を持った「有徳」の人物は政治家としては好ましくないのだろうか？　そんなことはあり得ない。誰もが、美徳・有徳の人物こそ政治家に、そして一国を代表する政治家になってほしいと期待する。

アメリカで共和党を創設したのは、まさにその美徳・有徳の政治家であったエブラハム・リンカーンであり、腐敗した政治環境のなかで、クリーンな政治姿勢を貫いた。日本でも平民宰相と言われた原敬、軍部の圧力に屈せず粛軍演説をした斎藤隆夫、議会政治の父と称された尾崎行雄、戦後に期待された石橋湛山など、多くの美徳の政治家が活躍した。しかし、いま、衆議院議員465人、参議院議員248人のなかで「美徳」の政治家候補として名をあげられる者がいるだろうか？

混迷のいまこそ政治に美徳が求められる。美徳はパワーである。日本が明治維新を断行し、国際社会の仲間入りをしても、当時の西洋列強が日本をその一員として受け入れたわけではない。しかし、江戸時代からの侍の矜持として自らを律し、放逸に走ることなく、法や国際ルールや規範を守る姿勢が評価されて、非西洋の国としては初めて対等の扱いを受けるようになった。いや、その前にも、幕末期においても、川路聖謨ほか外国との交渉に当たった幕閣の美徳が、植民地を求める西洋列強の圧力をはね返したのである。

明治においては、軍人もまた美徳の人が多かった。後に日本の侵略戦争を導いたとはいえ、侍としての伝統が生きた幕末・明治期においては、美徳を持った日本の軍人に対する敬意が、日本の国際的立場を守った。清末に義和団事件が勃発し、暴徒が北京を占拠するなかにあって、各国外交団と家族が孤立籠城した際、日本軍は勇敢に戦っただけでなく、秩序を守り、さらに事件後に一部の外国勢力が略奪に走るなかで、北京の治安維持に努めた。義和団事件における日本軍の行動のように、混とんと騒擾《そうじょう》のなかにあってもきちんと身を律し、地域の安全と安定を図る努力が評価された。そうした誰もが認め得る日本政府の美徳が評価され、幕末の一連の不平等条約の改定やさらに日露戦争時における国際社会での起債や日本の立場の支持に貢献したのである。

逆に日本が富国強兵政策を推し進め、中国への侵略、そして最後は太平洋戦争に突入した状況において、進駐地域での暴行略奪殺戮は今日に至るまで非難の的であり、後の世代、そして未来を拘束している。

戦後に日本は再び、勤勉・誠実・努力などの美徳に立った経済復興そして貿易を行い、その製品とそれを輸出した企業、国家に対する評価につながった。国際的知名度の低い日本企業の高い品質と真摯なビジネス態度、そして単なるビジネスだけでなく国際的な評価を得られた見識や美徳が、日本製品と日本企業への信頼につながった。

しかし、それがいつしか富国傲慢になり、海外のシンボル的な土地や建物を買い占め自慢したり、現地の腐敗勢力と結託して社会に悪影響を与えるようになった。もはやMade in Japanという標記に、その性能は評価されたとしても、日本企業の経営者に美徳を感じるものは少ない。しかしいないわけではない。たとえば京セラの稲盛和夫氏は、経営者は儲けようと考えるな、人のために尽くせと盛和塾をつくり、後輩の育成に力を入れておられる。盛和塾は中国でもたいへんな人気を博している。また、サッカーのワールドカップで、日本の観客のマナーのよさが大きな評判を呼んだことは記憶に新しい。

一方、世界で地球環境への悪影響が危惧され、先進国のエネルギー消費を抑制する必要が生まれた。そうした世界環境への脅威を解決すべく日本がリーダーシップをとって国際会議が開かれ、それはその会議が開催された京都を冠して、京都議定書と言われた。しかし、いまやそうした努力すら消滅し、日本は原子力事故の汚染水を海洋に流しつづけ、国際社会の批判を押し切ってＩＷＣから脱退した。たとえそれが日本の特定産業、特定地域を守る計算であったとしても、それは日本の美徳ではないのである。

◎卓越の回復

諸外国と同じレベルで対処しているとか、おつき合いで援助しているとかではなく、どの分野でも重要なテーマにおいては、平均を凌駕し、諸外国からも心底日本はすばらしい、日本の制度を模範として我が国の制度を改善しなければ、と言われるまでに高める必要がある。

一例が教育である。明治維新後の日本の発展は、江戸期に成立し成熟した教育システムにも負っている。特に民間で発達した塾はいわゆる「読み書き算盤」という生活に必要な知識の教育を社会階層の隅々にまで広げた。それは19世紀末の世界ではまさに「卓越した教育水準」だったのである。

しかし、いまや日本の教育、そしてそれにかかる費用の大部分が受験勉強とそのための学習塾に使われ、幼児教育から高校教育まで普通の人間として生活に必要な知識とかけはなれた受験学習に追われている。それが特定の大学に合格すれば、一生が保証されるような社会ならば、それもやむを得ないかもしれない。しかし、いま、少子化の現代、すでに大学は希望すれば進める大学全入の時代となり、その一方で幼稚園から「よい大学」への階段を上り続け、さらに浪人生活を経験して、幸運にも「よい大学」に入ったとしてもその後の人生が保証されるわけではない。

この無駄な受験勉強に費やされる時間と費用を、人生を豊かにする勉強、世界をリードする知識の獲得や見識の醸成のために使えば、必ずその効果が出るに違いない。

それは単にノーベル賞のような高度科学技術、先端技術開発だけではない。世界でも類のない速いスピードで進行した高齢化に対処すべく始まった介護のシステムなど、今後急速な高齢化社会を迎える多くのアジア諸国にとって、まさに卓越した知識と経験となる。忌まわしい福島第一原発の事故ですら、その汚染実態を隠すことなく、汚染の排除・環境の回復・再発抑制などに公開の場で活動を証明すれば、それは世界に例を見ないがゆえに、日本への評価と今後の活動に資するに違いない。

企業もビジネスも経営者個人も、かつては世界で卓越したものがあった。低価格高品質の製品、ウォークマンなどの独創製品、総合商社のグローバルなネットワーク、終身雇用制度による安定職場環境などがあったが、いまや日本企業には世界に卓越した製品も独自の経営システムも多くない。日本のビジネス界は、経団連に見られる過去の栄光の遺跡の集合体のようなもので、世界に卓越した存在ではない。過去の栄光や確立した業態などでなく、世界のなかで卓越した存在になるように企業も製品も、そして経営システムも再構築することに総力をあげるべきである。

企業だけではない。ＭＳＦ（国境なき医師団）、ＣＡＲＥ，ヒューマンウォッチ、ＯＸＦＡＭ、などのように、世界の紛争解決や人道支援、人権活動のＮＧＯのような非政府組織においても日本は誇るべきものがない。

個人の活動も同様である。現在、オリンピックを間近に控えて、テレビでは連日のごとくオリンピック出場予定スポーツ選手の日常の鍛錬ぶりを紹介している。さらにパラオリンピックの選手に関しては、なぜハンディを抱えるようになったのか、そしてそれをどのように乗り越えてきたかが番組で紹介される。それは素晴らしい人生教訓であって、すべての選手の人生そのものが多くの人に感動を与える。

しかし、頑張っているのはオリンピック出場選手だけではない。オリンピックの対象になっていないスポーツでも多くの若者が人生を懸けて鍛錬を続け、後輩を指導している。

そして、そのような状況はスポーツだけではない。さまざまな研究分野、遺伝子工学や最先端技術と異なりあまり脚光のあたらない人文科学の分野でも、世界をリードする研究活動が行われ、高度な教育だけではなく、小中学生のサマースクールの指導でもさまざまな努力や進歩がある。ベンチャービジネスでも、手工芸や伝統芸能でも想像を絶する努力によって卓越した成果を生み出している若者がいる。そうした個人にもスポットライトを当て、多くの若者に勇気と道標を与える必要がある。

そのように考えるとき、卓越した人材を養成するには社会と教育の連携が必要だ。中国や米国の大学では、大学内にインキュベーションセンターが設置されていて、そこでは学生たちが大学から多少の資金援助のもとで、起業化の努力をしている。卓越したイノベーティブな事業を行う環境を大学が提供しているのである。そのような仕組みを日本でもつくるべきではないか。

資金が問題なのではない。日本がいまだに欧米先進国から科学技術では大幅に遅れていた明治44年に白瀬矗《のぶ》は、政府や財閥の資金ではなく、一般から基金を募集し、欧米の著名探検家と同時期に南極探検を実施し、世界中を驚かせた。彼の卓越した行動というものが、単に世間を驚かす冒険という価値ではなく、これに刺激された研究者などから後日の日本の南極探査へとつながる道筋をつくったのである。

◎友愛の回復

外交においても、米軍基地問題、慰安婦問題や北方四島問題を論じる前に、近隣諸国、そして世界とはどのような関係を持つべきかが議論されていなければならない。

戦後、日本はアメリカの強い支配下に置かれながらも、独自の友愛外交を展開した。鳩山一郎はヨーロッパ共同体の原点となる活動を構想したカレルギーの思想に共鳴し、友愛に基づく外交を主張した。１９５５年イランでモサデク革命が起き、石油を支配するアメリカとイギリスが新政権の崩壊を画策し、イラン石油の禁輸と制裁を課した状況でも、日本は中東世界とは長年の友好関係を維持し、中堅石油会社にすぎなかった出光は1隻しか所有しない大型タンカーをペルシャ湾に入れ、イラン産原油を日本まで運び、国際裁判で争って、最終的にそれを輸入した。このことが、やがて今日では当たり前の発展途上国の資源恒久主権を確立することにつながったのである。さらに一郎は、１９５６年にモスクワに赴き、日ソ共同宣言を結んで、ソ連との戦争状態を終結させた。領土問題はいまだに未解決となっているが、彼の信念は抑留されている多くの日本人を無事に連れ戻すことを優先することにあった。そこにも彼の友愛精神を見ることができよう。

また、アジア諸国との独自のパイプを持ち、アメリカのアジア政策とは一線を画した友愛外交が展開された。特に太平洋戦争によって多大の損害と苦痛を与えた同地域に対し、日本自体がいまだ敗戦の痛手から回復できていない状況においても戦後賠償を行い、後に政府開発援助として長くアジアの発展を支援した。それが欧米のようにアフリカなどに対する植民地政策によって富を収奪し、その自立と発展を阻害し、独立後もその後遺症から脱することができない地域と大きな差となった。

今日、トランプ政権のアメリカ第一主義とあからさまな対中国牽制が日本独自の外交をさらに困難にしている。しかし、日本は冷戦期のようにイデオロギーの差異に基づく外交ではなく、グローバリズムや新自由主義による経済効率優先の外交でもなく、あるいはまた湾岸戦争から始まった有志連合路線、さらにはトランプ政権のアメリカ第一主義と同盟国の囲い込み路線でもなく、地球温暖化対策などのグローバルな課題に取り組みながら、各国の文化・伝統を尊重しつつ、多面的で重層的な友愛外交を展開していかなければならない。

阿片戦争による覚醒と「富国強兵」の路線から、幕末に横井小楠が主張した「富国有徳」路線の再評価と乗り換えが求められる。我々は「富国」であっても、その獲得した

「富」を軍事力の増強に使うことはない。19世紀には、西洋列強の侵略の前に日本が独立を堅持するため、軍事力を強くし、その軍事力を維持拡大するために海外市場を求めて大陸侵攻を行った。そのことが結果的に、敗戦そして他国によって占領される事態を招いた。富国強兵路線は日本の独立を確保するどころか、独立を毀損する結果となった。

敗戦後の焼け跡のなかから、日本はまず「一億総懺悔」のスローガンのもとで、これまでの路線を反省し、平和国家として生きる道を選択した。新憲法はまさにその指針となった。日本はちょうどスイスのような、小国ではあるが永世中立と平和を堅持し、一方では世界有数の時計製造技術をもって世界から尊敬されるような国をモデルとしようとした。

日本は戦争と帝国主義的な進出や支配により損害を受けたアジア各国に戦後賠償を開始し、やがてそれはアジア各国の独立と経済発展を支援する経済協力として進展した。

また、製造工場のほとんどが空爆などによって消滅した日本は、雑貨や繊維製品の製造に注力し、品質に難があっても安価を売り物に海外市場に輸出を再開した。１９５０年に勃発した朝鮮戦争は隣国日本に膨大な軍需を生み、軽工業のみならず重工業・化学工業までが一挙に再建された。

冷戦時代に入り、日本は膨張する共産主義勢力に対抗する防波堤として位置づけられ、アメリカは日本の工業製品に門戸を開放し、日本は豊かで広大なアメリカ市場に販路を確保することになった。玩具などの雑貨から始まって、繊維製品輸出そして1960年代には鉄鋼、造船などが急激に成長し、戦勝国であったアメリカやイギリスなどの工業製品を次第に国際市場から駆逐するまでに発展した。

1960年代末には日本の工業力がアメリカの繊維産業などの脅威となり、日米繊維摩擦が始まり、それは日本の工業力の発展と展開によって、造船・鉄鋼などの重工業、やがて自動車や電機分野にも及んだ。

1973年の石油危機はエネルギーのほとんどを海外に依存する日本の工業力への打撃であったが、それを軽薄短小産業への切り替え、エレクトロニクスへの注力などによって乗り切ると、世界における日本の工業製品の優位はゆるぎないものとなり、「日本が世界の工業をリードする」という自負は産業だけでなく、政府そして一般国民に共通認識となった。

ここから、ジャパン・アズ・ナンバーワンの意識が生まれ、工業製品の優位性だけでなく、日本的経営システム、通産省の産業指導、メインバンクなどの金融制度、日本の教育制度などすべての分野で自信が高まると同時に、拡大する貿易黒字を背景に、世界でランドマークとなるような不動産を買いまくったり、日本の企業広告が目抜き通りを埋め尽くすような光景が見られるようになった。

戦後に成立した国家目標は、戦後復興と平和外交から始まって、いつしか、その有り余る貿易黒字や外貨準備を背景とした、「富国成金」「富国独善」政策に変容してしまったのである。

将棋のように、相手のテリトリーに侵入した「歩」は「金」と成って強大な力を発揮し、現地産業そして現地社会に深刻な影響を与え、さらにその国が大事にしている文化的価値をもった不動産などを金の力で獲得した。しかし、その結果、1960年代の繊維摩擦から造船・鉄鋼そしてエレクトロニクスの摩擦におよび、アメリカはさまざまな政治圧力を日本に加えるようになった。

日本の米軍基地がいつまでたっても消滅しないのは、日本の洪水のような輸出に苦慮するアメリカが仮想の日本の安全保障上の脅威をつくり出し、それを根拠に輸出に圧力をかけ、輸入拡大を迫り、そして沖縄はもとより、岩国、横田、横須賀、三沢の巨大な軍事基地を日本に固定化し、日本から巨額の軍事費補助を引き出している。このメカニズムに日本も気づく必要がある。

では、これまた破たんした「富国成金」「富国独善」さらには「富国傲慢」路線が日本の安全と繁栄に資することがないとしたならば、どのような路線を採用すべきであろうか。それは「富国」が世界における日本への信頼向上や安全の確保につながる政策である。それが、共和党が求める友愛外交である。

鳩山一郎はクーデンホフ・カレルギーから学んだ友愛をわかりやすく、相互尊重・相互理解・相互扶助と考えて、とくにこれからの日本を背負っていく若者たちに広めようとした。それは自己の尊厳の尊重と共に、他者の尊厳をも尊重することである。そして友愛は人と人との間のみでなく、国と国との間でも通用する理念であり、友愛外交とは自国の尊厳を尊重して自立を図るとともに、他国の尊厳をも尊重して共生し、他国の政治体制や制度、文化、経済の仕組みなどが異なっていても、むしろそれらを尊重してお互いに欠点を補い合い助け合う外交のことである。共和党は主としてアジア太平洋の周辺諸国との間に、このような友愛外交を求めていきたい。（注3）

もちろん、友愛の理念は外交のみに適用されるものではない。昨今の企業は短期的な利益を追求するあまり、欧米並みに株主を最重視するようになってきているが、会社は社員と役員と資本家が相互に尊重し理解し協力し合ってこそ発展するものであり、企業の中に友愛精神が求められることは言うまでもない。さらに企業とお客様との関係においても友愛精神が肝要で、稲盛和夫氏が言う通り、企業はお客様のために尽くすことで、結果として利益が生じるものだと理解すべきである。友愛の経済に関しては、賀川豊彦氏が友愛の理念のもとに尽力して、各種の協同組合が設立されたが、農協や漁協など本来の相互扶助の精神に立ち返る必要があるように思われる。また、民主党政権のときに新しい公共が謳われたが、これは公益性のある事業でも、必ずしも公的機関が行うのではなく、民間でできる事業は極力民間に任せるシステムの構築であった。その意味では、ＮＰＯやＮＧＯを支援することは友愛の理念に合致していると考えることができよう。

さらに友愛の社会では、障がい者を差別することは許されない。今回の参議院選挙で、れいわ新選組が重度の障がい者を国政に送り込んだことで、障がい者差別禁止法の成立が推進されることを期待したい。永住外国人の地方参政権は友愛の理念から考えれば当然であり、早期の成立が望まれる。また、労働不足の結果として、外国人労働者の増加が見込まれるが、賃金格差など労働条件に不当な差別が生じることがあってはならない。

友愛を拡大解釈すれば、人間と自然との間にも友愛がある。それは自然との共生と言うべきであろう。否、あらゆるものはつながっており、人間は自然によって生かされていると考えるべきで、人間は自然に対して謙虚であらねばならない。西洋資本主義は大量生産・大量消費・大量廃棄で短期的利益を追求した結果、自然を収奪し破壊してきた。私たちはそのことを深く反省し、自然といかに共生していくか真剣に考慮し行動していかねば、人類の将来もなくなることを自覚しなければならない。私たちに残された時間はほとんどないのである。

（注1）アミタイ・エツイオーニ「ネクスト―善き社会への道」小林正弥訳　公共哲学センター、2005年。
（注2）アミタイ・エツイオーニ「新しい黄金律―「善き社会」を実現するためのコミュニタリアン宣言」麗澤大学出版会、2001年。
（注3）鳩山友紀夫「脱大日本主義」平凡社新書2017年　を参照。

第５章

2040年の日本の幸福、次の社会モデル

国家の目標を「富国」から人々の「幸福」へシフトする

我々は正義・美徳・卓越・友愛の公準に合致する政策の集合を、日本社会が持続可能な幸福状態を形成する必須要件として表現する。すなわち、それによって、我々がつくり出す「次の日本＝ＮＥＸＴ Ｊａｐａｎ」は幸福な日本である。

富国強兵も富国成金も実は、問題の元は強兵でも成金でもなかった。実は日本を窮状に追い込んでいるのは「富国」にある。そもそも「富国」とは何であろうか？ 産業革命を経験し、科学技術革新により、これまでの季節風という環境条件に支配されずに自由に軍艦・商船を世界中に往来させる能力を持った西洋列強は、当時最大の国家であった清国をたちまち降伏させ、不平等条約を強要し、事実上隷属的地位に陥れた。当時のアジアは西洋の軍事力のみならず、機械生産によってつくられたさまざまな工業製品に圧倒された。釘すらも一本一本職人が手づくりしていた社会が、大量の鉄製品の流入にショックを受けないはずはない。

その結果、当時の東アジア特に清国や日本の知識人が、西洋に負けないためには、殖産興業、重工業投資、貿易拡大、大量消費こそが人の幸福を守り発展させると考えたのは当然であろう。このベクトルは阿片戦争から170年を超えても、多くのアジア諸国、いまの中国でもまだ生きている。そう考えると、習近平主席の指導する中国の国家政策もまた新たな「富国強兵」策であると言えなくもない。

そしてその富国を可能にするものこそが、「成長」である。これにより人口は増加し、市場は拡大し、軍事力も増加する。しかし、そもそも富国とは何か？　それはそこに住む人々＝国民が搾取されることなく、安全で安定した生活を保障するための条件であったはずだ。しかし、もし、市場を確保するための他国への侵略や、日々の安寧を犠牲にしてまでの無理な経済成長ではなく、人々が安定した環境で幸せに暮らせる社会が実現するならば、富国も強兵も必要がないはずである。そうなると、国家の目標を「富国」追求から、人々の「幸福」追求にシフトすることが可能であることに気づくであろう。

実は、この視点を主張した思想家こそ中国古代、春秋戦国時代の墨子に他ならない。彼は非攻＝専守防衛を主張する一方、なぜ当時の諸国が他国を侵略するかを分析し、その根源が成長路線にあることを理解した。一国が定常経済でなく、成長を追い求めれば、最終的には他国への軍事進攻を導くことを2000年以上前のアジアの先達が指摘していた事実には驚愕するしかない。

　国家の最終政策目標を「持続的幸福の確立」に求める際に、何が必要であるか、その条件を次に考えてみよう。

進化した社会科学を政治に応用する

国家目標を「国富」ではなく「幸福」の獲得と向上に置くと、すべての政策を根本的に変えることになる。これまで国家の豊かさの指標として使用されてきたＧＤＰに問題があることはすでに以前から指摘されてきた。１９６０年代、先進各国なかんずく日本は公害に苦しみ「国の豊かさ」として合計されてきた経済活動が、環境を破壊し人々の生活の質を下げていくことに警鐘が鳴らされた。１９７０年代にはエネルギー危機によって資源の有限性と無秩序な経済成長の問題点が指摘され、ローマクラブによる「成長の限界」が人々の関心を集めた。

最近ではブータンで採用されたＧＮＨ（Gross National Happiness）に注目が集まっているが、哲学的な意味は別として、ＧＮＨの追求が、それだけで現実の幸福を飛躍的に向上させているわけではない。周囲をインドと中国という大国に囲まれたブータンは、国境を越えて浸透してくるインターネットからの情報のなかで、自国の文化・伝統そして国家としてのアイデンティティを守るという難しい課題を突きつけられている。一国の幸福は単に人々の幸福の合計だけではない。ブータンでは自国の自然環境や伝統を守るために、年間の観光客を極めて少数に制限している。幸福の大前提に自然環境の維持を掲げている。

しかしながら今日、心理学や人間行動分析の発達から、人々が幸福を追求し、それを実現して長期間維持する方策やそこに至る状況を科学的に分析するポジティブ心理学が登場し、一方では人間行動の分析から、人々を幸福に導く条件が行動経済学や幸福経済学によって解明されるようになってきた。

共和党はこのような社会科学の進化を、現代国家が直面する、人口高齢化にともなう社会負担増加と財政難、そして経済的には豊かではあるが格差拡大がもたらす社会の病理などの解決に応用するものである。

これまで政治は19世紀あるいは20世紀前半的な経済学に依存してきた。そこでは結局、個人は経済合理性だけに反応し、社会を市場と公的投資にゆだねる古い経済原理の枠を越えることはなかった。しかし、いまや心理学すなわち、人々は、本当はどう考え理解しているのかを把握することによって、政治は問題を解決することができる。

共和党は国家が人々の幸福に生活し人生を送ることを国家目標とする政治を、次の方策で追求する。

「人間第一主義」にすれば多くの対立課題は解決する

政策の目標を人間第一主義(ピープル・ファースト原理)に定める。これによって多様な政策課題が人間の視点に単純化されるであろう。

これまで、高度な科学技術情報を伴い価値観の対立が絡む政策課題は、容易に解決策を見つけることも、論点をめぐって対立する関係者の合意を獲得することも困難であった。現代技術は、そこからどのような危険が派生するのかを見極めることは複数の専門家がいても、統一的な解を得るのは難しい。しかし、人間第一主義を公準とすると、多くの複雑な問題を比較的単純ないくつかの選択肢に導くことが可能となる。

たとえば、原発である。原子力の平和利用の是非、原子力発電所から出る廃棄物の放射能リスク、そして2011年3月11日に発生した地震・津波によって派生した福島第一原発の事故などによって、原発の再稼働の是非は世論を二分している。エネルギー政策、産業政策、地方振興策なども関係する。原発を停止そして廃棄することは、高度な産業設備の製造を頂点とする生産のピラミッドを消滅させるがゆえに、産業界や財界にも反対が強い。日本の原発製造技術に期待するアメリカ側からの圧力もある。

多くの科学者や政策担当者、産業界や行政が関係する複雑な原発問題であるが、この問題は日本における対立的政策を人間第一主義の視点で、別な次元で解決することにつながる。

福島第一原発の事故と災害は周辺に住む人のみならず遠隔地域の人々にまで深刻な影響を与えた。原発周辺に何不自由なく居住していた多くの家族は、ちょうど国土を失った難民のように、遠くまた仮設住宅のような、本来は長期間住むことを予定しない住居に住むことを余儀なくされ、そしていつ帰還できるかわからないという未来への絶望感にさいなまれた。これほどの不幸を生み出した原発の便益が、その悲劇を上回るものをもたらすことは考えにくい。原発の便益はいくら巨額になっても、計算可能であるが、そこに内在するリスクそして万一の事故の場合の損害は天文学的数字になる場合もある。

原発から出る廃棄物の最終処分場がたとえ決まっても（現実には日本国内には存在しないが）、その将来世代に残す廃棄物のリスクは推測できないほど巨大である。その意味で、原発開発と操業に対する結論は極めて単純明快であり、原発を代替するエネルギーが存在する以上早期の全面廃止が求められなければならない。

賛成反対が拮抗するかのごとき原発であるが、人々の「幸福を追求する目的」からすれば、原発はその意味で、もはや選択肢とはならないということである。

同様に、日本では現在も激しい移転反対運動が繰り広げられている沖縄の基地問題も、人々の「幸福を追求する目的」を国家の中心課題とした場合の結論は簡単である。普天間基地のように人口密集地帯に取り残された軍事基地は国際人道法であるジュネーブ条約追加議定書（日本も批准）の「軍民施設の分離」に抵触する存在であり、人間を中心に考える政策からは、普天間基地の存続は不可能である。

さらに貴重な海浜環境を破壊し、地域住民および沖縄の度重なる反対を押し切って実行される新基地建設もまた人々の「幸福を追求する目的」とは大きく乖離《かいり》したものであることは議論を待たない。政府は辺野古が唯一の解であると繰り返し述べているが、それは事実ではない。普天間の移転先にしろ、また原発にしても、それらの合理的根拠に基づく代替策はいくつも存在している。

問題はそうした地域の「幸福を追求する目的」に反する政府の行為が、より大きな日本全体の安全保障、国民の安全確保のためにやむを得ない場合であるが、それは議論の対象となろう。しかし、普天間基地および辺野古新基地建設のいずれも、日米安保条約上の義務であるとか、アメリカとの同盟の強化とか、中国の仮想的軍事脅威があげられるだけで、アメリカ議会からの正式の要請もなければ、国民が理解し納得できるだけの理由も示されていない。

「人間第一主義」は民主党時代にスローガン的に提起された「コンクリートから人へ」の政策とも異なる。対象はあくまで人間中心、そしてその幸福追求であって、それが緊急対応や災害対策の工事や施設設置であれば、当然優先されるべきである。排除の対象はコンクリートでも土木土建会社でもなく、不必要で無駄な投資なのであるから。

付記するならば、民主党政権時代も、「コンクリートから人へ」はあくまでイメージとしての表現であり、必要なコンクリート事業を排除したものでは決してなかった。

コミュニタリアニズムあるいは「コミュニティ」概念の導入

正確に対応する日本語がないため、この20世紀末に起こった政治思想をとりあえずコミュニタリアニズムと標記するが、現代社会において、国家や地方自治体という制度的単位だけでなく、経済単位組織である企業ではなく、また国民の最小単位である個人ではなく、それらの中間形態としてのコミュニティに着目する必要がある。

また一方、国家・国境を超えた人々の「ゆるいまとまり」のコミュニティも存在する。要するにコミュニティとは、単に国家や行政区画にある単位ではなく、人々が好ましい、その一員であることに誇りを持つ、そこに参加してそのメリットを支える、という新たなゆるい境界を持つ組織である。形骸化した制度や行政において、このコミュニティ概念を活性化することによって新たな統治が生まれる。

◎政治におけるコミュニタリアニズム宣言

コミュニティとは決して地理的に限定された小空間における居住地域だけを言うのではなく、また村や町など既存の行政区画をさすものではない。それはより大きな空間すなわち、広域地域や国さらにはグローバルコミュニティの概念のように世界まで広がる範囲でもある。

コミュニティとは、そこにいる人々が共通の理念、理想、情念を持ち、一体感を持つ空間や組織を意味する。コミュニティと行政範囲あるいは国民国家とはお互いの有機的な関係で併存するシステムである。そしてコミュニタリアニズムは従来の無機的な行政区画や国家観そして生産関係や企業組織などと異なり、人々が合意し参加する理念と共同体を生かし、組み合わせることによって、現実に存在する国家、制度などを活性化し、そこに参加する皆が幸福な人生を送るような政治社会システムの構築を目指す。

◎中間組織としてのコミュニティ

自治体もその性格と範囲を大きく変える必要がある。山間地の多い自治体、人口集中の激しい首都圏の都市など、民間企業と協力し、地域のさまざまな団体と協働する形態が考えられる。そのためにも、中間組織としてNPO、NGO、協同組合、さまざまなボランティア組織と協働していく、国際機関や地域を接する外国とも協力していく必要がある。

すでに、問題に対し、公的な支援＝公助だけでなく、自ら助ける自助、皆で助け合う協助、地域や近所で助け合う近所ならぬ近助などが要請されているが、そこで重要なのはそのような非制度的組織をどのように新しい制度に組み上げていくかの課題である。

それには個人およびそうした中間組織の自立性が重要である。そのような個人と組織がどのような専門性と規律を持って公的組織と協働していくか、「自律と参加」が課題である。

◎シュタットヴェルケなどに見られる新公共経営形態

現在の世界では、アメリカなどに古くからあるアソシエーション、ヨーロッパ社会に根づいたNGO／NPO、発展途上国などにおける伝統組織を拡大発展させた組織など、多様な組織が活躍している。ドイツでは新エネルギー活用に際し、シュタットヴェルケ（地域会社）方式が広範に採用されるようになった。エネルギー、電力、水道などの地域に不可欠な要素に関して、これまでの行政直接管理でも民営企業でもない、地域行政と地域住民とが共同して責任と運営を担う新たな運営形態が広がりを見せ始めている。

これまで、日本でも一時、第三セクターブームがあったが、その多くが行政天下りの受け皿になったり、不透明な会計処理などによって住民の支持を失ったり、必ずしも意図された効果を生み出したわけではない。責任の所在が不明瞭、経営の透明性に欠け、言わば行政組織と民間企業の長所を結合したのではなく、その弱点や欠点を統合したものになった場合もある。

コミュニティ概念はこのような分野において重要な機能を果たし得る。日本でも従来の官営、民間委託、完全民営自由化などだけでなく、協同組合や地域特性とコミュニティの形状に合わせた新たな官民協力形態が考えられなければならない。

◎デスカレーション（非高度化、脱専門家）

これまで高度な知識と技能を持った一部の専門家だけが資格を持ち運営や作業をしたことを、関係する多くの人々そして対象となる人も参加して解決していくことが求められている。

救急医療も高度な知識と修練を持ち、医師としての免許を持っているものだけでなく、救急車で緊急医療を必要とする対象者に、最初に接する救急士が対応し、Ｗｉ Ｆｉや５Ｇ通信で映像を専門家に送って、リアルタイムで治療の指示を受け、また緊急時にはどのように自らを守るかを知っている患者自身によるケアがあれば、患者が生きる可能性は高まる。

同様に、すべての社会問題において、国家や自治体だけでなく、さまざまな組織や個人そして個人をとりまく個人が対応することによって問題を解決する。それは事前にそのシステムを確立し、教育と事前演習が行われていなければならない。

医療や介護に関しても、高度で高価な機材、装置、バイオ医薬品、専門技術者にますます依存するようになっており、費用負担も天文学的なものとなり、医療費が毎年１兆円ずつ増加するなど、財政ひっ迫の主要因のひとつとなっているが、発想を逆転し、むしろ非高度化、脱専門家の経路を考え出し、高度な機械と医師に頼るのではなく、看護師や介護士、家族そして最後は患者自らも治療に参加することによって経費を削減し、医療のソフトとハードを活性化し、そして患者と家族の人間としての幸福を実現するシステムが求められる。

◎ユートピア社会再評価

このようなコミュニティを重視する問題解決は決して新しいものではない。萌芽的には歴史上多くの試みがなされ、それがたとえ世界政治の混乱に巻き込まれて衰退した場合もあったとはいえ、一時期あきらかに成功し、開花し、継続した。

産業革命初期にロバート・オウエンがつくり上げた職住環境一体となったニューラナック村はその一例である。マルクスやエンゲルスはロバート・オウエンをユートピア社会主義と揶揄したが、それは決して空想のものではなく、産業革命の初期19世紀にオウエンが提唱した工場法制定、児童労働禁止、医療無料化、保育園、幼稚園、夜学、サマースクール、職住接近、グリーンベルト、代替エネルギー使用、労働組合、生活協同組合、地域通貨など現在では、それらをオウエンが創出したものだということも知らずに利用している。また地域との協働、新結婚観などの新しい社会思想も生み出した。

彼が現実につくり出したニューラナック村は、夢想家が暖炉の前で肘掛け椅子を揺らしながら構想したものでもない。現在では世界遺産として登録され多くの観光客を集めるが、それ以上に、オウエンの理想とした社会はコミュニティ社会主義として再評価されつつある。

そう考えると、オウエンのつくり出したコミュニティ社会は空想的で非現実的ではなく、まさに現実の社会改革のモデルとして提示され、膨大なエネルギーと犠牲をかけて実現した理想的な制度への牽引車となったことは明らかだ。

それでは、オウエンのコミュニティ社会主義の価値はどこにあったのか？　それは彼らにマルクス等社会主義者から投げかけられた非科学的であるとの「ユートピア」社会主義にある。どこにも存在しない仮想の理想社会であるユートピアを非現実的・非科学的と批判するのではなく、オウエンは「人々が幸福に生活しそれを維持できる社会」を構想し、そのデザインのもとで、必ず将来は実現するその理想とする社会をつくるために「いま、何をするか」を考えて一連の改革に取り組んでいったのである。

この「道標としてのユートピア」こそ、我々が取り組むべき最初の課題であって、その我々が「こういう社会を、世界をつくりたい」というモデルのもとで、現実の諸条件と拘束のなかでその実現に向かう政策や対策が第二の課題となる。

西欧社会におけるさまざまなコミュニティの実存と形態を見ると、現代日本の市町村というのは単なる行政区画であり、政府の住民管理の規模と範囲にすぎない。そこでは地域の特性や産業分布、歴史的発展、人々の協力関係などに基づく独自の地域共同体があるわけではない。

　しかし、歴史的に見れば、中世から続く惣村《そうそん》と呼ばれる住民、百姓の自治的・地縁的結合による共同組織（村落形態）が存在し、江戸時代から近代においてもその残存があった。近代に入っては産業や工場を中心に協働組合や共済組合あるいは農業組合として職域を中心に組織化が行われ、やがて生活協同組合も発展した。

　そうした近代日本のコミュニティ形成には賀川豊彦と彼の友愛政治を忘れてはならない。1888年神戸に生まれた賀川は大正・昭和の時代をキリスト教社会運動、社会改良家として活動し、労働運動、農民運動、罹災者救済運動、協同組合運動ほか日本での社会運動の全域に彼の足跡がある。また国際平和運動にも取り組んだ。（注1）

　冷戦構造の崩壊後の世界の混乱に、先進国を中心に市民による救援活動や平和構築活動が活発化し、国家および国家の集合体である国連だけでなく、各国市民による非政府組織NGOが国際政治におけるアクターとして登場した。また同様に、各国内において非営利組織NPOが成長し、これまで政府の機能と考えられてきた行政活動の多くが、いまやこれらのNGO、NPOにより担われている。

　いまやこのような新たなコミュニティが国家と個人との間に存在して機能している。日本はこのような組織形成に遅れたが、いまこそ、民主党政権の時に光を当てた、新しい公共でもあるこれらの組織と機能を現代社会における重要な組織と位置づけていかなければならないだろう。

◎ポジティブ概念の導入

新しいＮＥＸＴ　Ｊａｐａｎの政治にとって、ポジティブ心理学の提起する概念と方法は極めて有効である。

ポジティブ心理学は人間が将来への幸福を確信し、実現可能な幸福のモデルを想定し、そこに確実にたどり着けるとの信念のもとにポジティブな心を持って努力することが、現実に幸福に達する可能性が高いことを科学的に実証した。現在、このポジティブ心理学は医療、教育、企業などさまざまな分野に応用されるようになった。

この概念を政治にも活用する必要がある。まず皆が合意できる、皆が善いと思う将来の幸福な社会の条件「共通善」を決め、次に、それに向かっていま何をしなければならないかを決定する。

これまでの政治は現在の状況からの改善のために、どういう政策を打ち出したらいいか、そのために政党はどうすべきかが中心課題であった。現在はどのように悪いか＝ネガティブ、そしてそれを克服することが政治テーゼであった。

ポジティブ政治においては、まず、皆が合意できる将来の日本の姿を明らかにし、そこに向かって、いま何をすべきかを考えるのである。既存の伝統的政治からすれば真逆の発想であるが、この発想こそ旧民主党設立の時に、「民主党は未来からの風」という表現で、2010年の日本のあるべき姿、たとえば、「常時駐留なき安保」を示して、そのためにいま何をなすべきかを表現した先例がある。

２０４０年の日本の幸福、そのひとつのモデル

現時点で我々が考える、新しい国家目標となる「幸福な日本の実現」そして２０４０年までに日本が到達する「幸福な日本」とは次に記述する内容のものであり、そのような幸福を実現することを国の目標とする。その意味で、これは従来の政党綱領に等しいものである。またこれは共和党結党にあたって考察し、皆に提示するひとつのモデルであり、最終形態としてではなく、発展するモデルの原型として皆さんに提示するものである。今後、これが共通善としてまとまっていくために、皆さんからの意見・提案をお願いしたい。

◎幸福な日本とはそこに住む人々が幸福を実感していることである

幸福な日本とは、国家の経済規模が巨大であることではなく、そこに暮らす人々が幸福を実感しながら生活していることを意味する。大陸から海洋によって切り離された日本は、

四季のある自然環境、長年の継続的な成熟した歴史・文化・伝統に育まれ、そこに住む人々は高い知性と豊かな情緒そして安定した生活を実感できている。社会には極端な貧困や差別がなく、さまざまな生き方が開かれている。

比較的同質性が高く、人々は地域を愛し、お互いに協力し合い、秩序を重んじ、お互いに尊重し合って、安全で安心できる生活を守ることができている。近隣諸国との緊密な関係以外にも広く世界と交流し、相互の理解と協力関係が確立している。

蓄積された職人の技能や地域に支えられた産業基盤があり、一方では先進的な技術開発により、そこでつくられた製品やサービスは世界で高く評価され、安定した経済基盤となり国家経済を潤すと同時に、雇用を支えており、失業率も低い。

◎豊かな変化に富んだ自然環境が守られている

水・風・日の光にめぐまれた日本は四季に富み、変化のある地形は多様な自然環境を提供し、それぞれ魅力的な地域を構成している。またそれが観光資源となって経済を支えている。雨水は水田を通してゆっくりと下流に流れ、田畑そして山林・平野を潤す。

農業は生態系・自然への負荷とエネルギー消費が少なく、米作だけでなく多様な作物を育て地味を豊かにしている。山林は環境の保全に配慮しつつ牧畜を含め多様な活用が行われている。漁業においても環境保全・生態系の維持に最大の注意が払われている。

農林水産業は自然を配慮したバイオ技術など先進的な技術は十分に活用されているが、その一方で、遺伝子組み換え作物など、将来に禍根と不安を残す可能性のある技術の導入は禁止されている。

農家は世代を超えて安定的継続が行われている。日本全土に耕作放置地などはなく、農業適地はそれぞれ環境に即して十分に活用されている。畜産にも国産飼料が使われ、動物福祉・健康にも配慮が行われている。

結果的に食料自給率は大幅に向上して自国の食糧生産だけでなく人口増のアジア諸国からの要請にも応えられるようになっている。一方、豊かな消費社会から出される食品ロスは一時年間600万トンもあったが、生産・加工・流通・消費各レベルでの改善により劇的に縮小した。(注2)

環境を破壊し汚染する行為は厳に禁止され、また豊かな自然を生かした再生可能エネルギーの生産に努めている。廃棄物は産業・地域・生活廃棄物を含め徹底したリサイクル・リユースが実施されている。風力・小規模水力発電、ソーラー・シェアリングが普及し、農家の経営安定にも寄与している。

一方で自然は厳しいものであり、ときどき牙をむくことがある。日本はその地理上・地質上の条件から、地震・津波、火山、台風、集中豪雨、洪水、地すべりなどの自然災害も多く、ハード・ソフト面でしっかりとした対策を講じると同時に、人々の居住する場所の工夫や災害に負けない生活と生き方を勧めている。災害時においても、憲法25条にのっとり、すべての国民が最低限の生活を営む権利が保障される仕組みができている。

◎国内資源の限界を理解し克服する体制がある

国土も狭隘《きょうあい》で、石油や鉱物資源に乏しい日本は諸資源を海外しかも遠隔地に依存せざるを得ない。したがって、外国との良好な関係、特に近隣諸国やアジア太平洋地域での連帯が重要であり、外交の基本をここに置いている。

エネルギー政策は風力・太陽光・地熱等に恵まれた地形を生かし、再生可能エネルギーを中心に構成されている。さらに水素エネルギーの安全確保と低コスト化に成功し、実用化が進んでいる。

同時に、エネルギー消費自体を抜本的に見直し、低エネルギー産業社会を目指す。原子力の研究開発は残るものの、商業発電はすでに停止され、廃炉・解体が新設の廃炉庁により進められている。

また、国内市場も狭く、生産物の市場を世界にも求めるところから、ヨーロッパ、南北アメリカ、中東、アフリカとも緊密で安定した外交関係を確立・維持している。

地域紛争・難民・地球温暖化・海洋汚染など国際的・地球規模の問題に真摯に積極的かつ独創的に取り組んでいる。またそうした日本の努力が高く評価されている。

特定のイデオロギーや世界観に基づいて一方の陣営に属して他と対峙するのではなく、多様な文化と価値観を理解し、全方位的に友好な関係を維持することに努めている。

憲法上、戦争と武力による威嚇とその行使を国際紛争解決の手段と認めない立場から、国内に外国勢力の軍事基地が存在することは認められず、既存の基地も、長期にわたる交渉の結果、沖縄のみならず日本全体で暫時減少し、最終的に全面的に廃絶された。日本の安全が現実に脅かされる場合のみ、米国の協力を求める、いわゆる常時駐留なき安全保障の体制が構築されている。

同時に、物品輸出だけでなく、独自技術や経営手法によって優れた製品を現地で生産するために海外直接投資を活発に行い、現地に利益を還元すると同時に、そこからの利益の一部を日本に還元し、これが国の経済を支えている。

人生のほとんどを海外で働かなければならない人々のために、帰国後、退職後の安寧な生活や子女の教育の場が国内に充実している。

資源の乏しい日本で特に発達した省エネ技術、高齢化に対応した介護技術、中小企業に残っているモノづくりの伝統技術とそれを支える職人などが卓越した日本製品の競争力として貢献している。エレクトロニクス、インターネットを活用したＩｏＴ分野、ロボット工学、遺伝子工学などの高度で先端的な技術が日本に貴重な外貨収入をもたらしている。同時にそれらを支える基礎研究が充実し、世界をリードしている。

◎豊かな健常経済の基盤が確立されている

人間が急成長するのは長い人生の一時期にすぎない。それ以降は健康的で堅実な人生が長く続く。日本は１９６０年代の高度経済成長期を経て、いまやそうした定常状態にあり、過剰な成長を求める必要はない。また経済が成長しても日本が成長し膨張するわけではなく、結局は地球資源の収奪、海外市場を求めての軍事侵攻に乗り出して破たんした経験から、これらを禁じ手として、身の丈にあった地球環境に対しても、持続可能な豊かな経済をつくり出し、その余剰を世界に供与する「富国有徳」思想が実現している。

限定的な資源と条件のもとで豊かで安定的な経済を維持するために資源・エネルギー浪費型、環境汚染型の工業そして農水産業を回避し、自然条件を生かした農水林業や地理条件が最大限活用されている。

都市と地方・農業地域・山林などの有機的な結合が分析され、新しい協力・共生システムが確立している。

◎ダイナミックな平等社会が実現されている

貧困層および極端な富裕層が消滅し、社会が流動的になり、活発な社会活動が行われている。出生時における条件が生涯を左右することはない。さまざまな理由により障がいを被った者も、アメリカ等の先進的な障がい者差別禁止法と同等の法律が制定され、もはや一切差別されることがなくなり、またそのハンディ分に対し国がハード・ソフトの支援を行っている。

高い能力を持つ者が、さまざまな障がいを乗り越えてイノベーティブな成果をつくり出す道が開かれている。労働・仕事・生活・活動のバランスがとれ、人生のなかで自由な移動が可能である。

工学技術だけでなく、哲学・歴史・文化など人間の研究も充実している。演劇・音楽・美術・スポーツなどに企業スポンサーだけでなく公的な支援が行われ、各分野で卓越した者が世界的に認められ尊敬されている。

海外から移住する人材、世界各地のさまざまな状況によって出現した難民などに対しても、適切な国内順応プログラムがつくられ、日本社会の多様性と活気に貢献している。

◎人本主義が徹底されている

人は人として生まれやがて死ぬまで豊かで、活気に富み、尊厳ある生活を保障される。

子供は将来の日本を担う存在であり、出産・幼児期から青年期までその順調な成長に家族と国が共同責任を持つ。その過程の前半において、好ましい育児の形態として、その責務を家族に委任、国はそれを支援する。何らかの事情により、家族がその任に当たれないと判断されれば、国は直接にその保護育成を担う。

教育は上位校への受験のためではなく、基礎的な知識の習得の後は、高いレベルでの知識や研究と同時に人生を豊かに送るための教育、選択する職業に直結する教育にウエイトを置く。また教育期間が終了しても、長い人生において自分で勉強が続けられるような自己教育方法の習得も行われる。高齢社会に対応するため、高齢者への公的な教育も実施されるようになった。

子供が高校までの無償・義務教育期間を終えた段階で、次の社会を担う存在になるまでの間、国は一定の給付金（若者年金）を供与し、多様な支援を行う。

出生、男女、障がいの有無、高齢などの差別は存在してはならない。極端な男女比率などが存在する組織などはその根拠が公的に承認されないかぎり認められない。老若男女原則が徹底され、政界や実業界などにおいても、必ず各年齢層がバランスよく参加できるようになっている。

急速な高齢化社会に対応するために、高齢層への施策を充実する必要がある。高齢者の雇用・高齢勤労者への支援、医療・介護・終末期支援などと同時に、社会の激変に翻弄されることのないように高齢者への社会教育が進められている。

医療・医薬品分野における高度技術の発展と同時に、東洋医療の導入や医療をより患者に近いレベルで行われるように医療システムを改革する。人生の終末期における医療において人文科学の協力を得ながら、尊厳ある終末を迎えられる体制を構築する。

◎政治・行政・司法の現代化が行われている

低迷する政治、機能しない国会、統計や入札など行政の欠陥、憲法裁判所の欠如など民主主義三権の基本的な部分の欠陥が明らかになったので改革が絶え間なく進められている。旧来の日本政治・行政・経済システムは多分に太平洋戦争時の翼賛体制を色濃く残しており、現実のシステムの分析・評価を公開し、新しい時代にふさわしいシステムの構築を進めている。

政治は単に選挙だけでなく、請願システム改革や住民投票の発展などにより、政治家だけでなく、専門家集団、ＮＧＯなど多様な国民の声が国会や行政に直接反映されるように制度が改革されている。また、それを支援するために多様なシンクタンクやロビー活動が制度化されている。議員に立法に関する知識および専門性が不可欠なところから、法と法制度および社会の専門分野における一定基準が求められている。

国会は委員会および本会議での多数決議決だけでなく、国民の声が直接反映され、また政党だけでなく、個々の政治家や外部の専門家の意見が立法過程に反映するように改善されている。

法案の説明、専門的意見陳述などに現代の視覚的説明や電子的議決表示などが取り入れられ、各委員会・本会議ともに活発な意見交換が行われ、国会が儀式の場ではなく、まさに国民の意思が議論され決する場として機能するようになっている。

旧公職選挙法のような形骸化した選挙制度が政治を腐敗させ新陳代謝を不可能にしていた経験に鑑み、活気ある政界と国会をつくれるように選挙法が抜本改革されている。特定集団との癒着につながる恐れのある企業・団体献金は全面禁止されている。国会および地方議会さらに各種の審議会などでは、老若男女原則が忠実に守られ、中年男性だけの議会などは消滅した。

国会は社会変化に対応できるように常に新陳代謝が必要であり、議員も衆議院においては5期、参議院においては2期を超えて継続してなることができない。地方議会は地域に仕事や社会活動のあるものが多数であることが好ましく、そうした業務に支障のないように夜間・週末などの開催が基本となっている。自治体の長と同様に多選は制限されている。

近年の参議院の役割に対しての疑念と批判があるので、衆参両院の役割を明確にし、選挙のあり方、議員の権限などに関して徹底的な見直しと改革が進められている。また一院制への転換なども検討されている。

司法は独自の判断を時の変化にそって機敏に判断して社会の正義を守る。また既存の最高裁のあり方が批判され、憲法裁判所が設置されるか、あるいはより能動的に憲法裁判が行われ、現実にそった憲法判断が下されるようになった。

憲法制定時より90年余りを経過し、人間の諸権利や社会システムにも大きな改革がなされている。対象も人間だけでなく、災害時においてペット等動物の権利の尊重が重視され、畜産業においても動物の福祉が認知されるように、人権も範囲を拡大して考えることになった。

終末期医療などこれまでタブー視されて十分に議論されてこなかったテーマに関しても、医療だけでなく倫理・哲学などの面からも十分に議論され、適切な対応が行われている。

死刑制度は長期にわたる議論の結果、廃止となった。

行政の政治への関与や癒着、過剰な影響力の増大は制限されている。官僚の政界進出は厳格な監視下に置かれている。官僚がさまざまな手段を講じて学会、ジャーナリズムに影響力を行使するのは制限されている。行政は公開され、行政監視機関と同時に市民側からも厳格に監視されている。

◎経済・社会システムの改革がなされている

経済分野でもグローバル競争に遅れを取り企業競争力低下などの一方で、過去において、長時間労働、過労死など深刻な事態が発生したが、そのような事態は消滅した。終身雇用制度や企業内労働組合など旧い産業システムを残したまま、一方では野放図に短期雇用や派遣労働などが進められ、勤労者の労働と将来へ向けての人生設計を困難にさせていたが、改善が進められた。

現実のグローバル経済、地域のブロック化、急激な経営環境変化に対応しつつ、ダイナミックな企業経営と働く者が納得できる労働環境が形成されるようになった。

国家と企業そして個人の間にコミュニティを単位とするさまざまな経営形態やNGO・NPOなどが活躍し、その有機的結合が日本経済の活気に貢献している。

戦後期において松下幸之助の経営哲学が日本製品の質を高め企業を成長させたように、新しい企業概念や経営哲学が求められている。拝金主義や短期的な利益追求・株主優遇などでなく、かつて稲盛和夫が提唱した「徳を持って経営にあたる」人のための経営哲学が産業界と国民の間に広まっている。

◎自立した外交・安全保障を実現する

近隣諸国との安定的な友好関係が確立されている。アメリカの構想によるアジア太平洋地域の安定ではなく、独自の平和構想と経済圏構想が確立している。経済援助によって同地域の発展を促進し、外交関係と同時に人と人との交流によって安定性が補強されている。旧来の慣性に依存することなく、専守防衛の主体である自衛隊の機能、職能を抜本的に再検討し、無駄や前近代的な組織や慣行を排除する。専守防衛および現実の東アジアの脅威に対抗するために、徹底した合理化が行われている。

外国の基地および外国の軍事費を肩代わりすることは撤廃された。いわゆる常時駐留なき安保が実現している。同様に外国が持っていたさまざまな支配・命令系統などは抜本的に再検討され、日本の防衛に不必要なものは撤廃されている。

周辺国との友好関係の確立、平和条約締結、戦時・戦後処理を徹底し禍根が残らないようになっている。

国際紛争や騒擾など国連の平和維持活動に積極的に参加している。

脅威とは能力と意図の掛け算であり、能力を有していても、攻撃や侵略の意図がなければ脅威ではない。従って外交とは、いかに周辺国の日本に対する攻撃の意図を封じ込め減少させるかであり、そのための紛争を含めたあらゆる問題を対話と協力によって解決していくことが肝要である。東アジア共同体が形成され、東アジアは真の意味で不戦共同体、運命共同体となっている。

核兵器廃絶に唯一の被爆国として日本は積極的な役割を演じ、核兵器の非合法化と廃絶が現実のものとなった。核廃絶のみならず、国際紛争の解決や貧困撲滅、感染症対策など日本のそうした平和構築活動が国際的にも高く評価されている。

（注1）賀川豊彦著「友愛の政治経済学」（Brotherhood Economics）コープ出版2009年。

（注2）食料自給率は2017年においてカロリーベース（生産物供給熱量換算）で38％　生産額ベース（金額換算）で66％であり、先進国工業国においても低く、悪化傾向が続いていた。当時、食べ残しや期限切れなど食品ロスは2016年には643万トンもあり、コメの生産量800万トンに匹敵する数字であった。

第６章

日本を改革する「共通善」からの新たな政策

共通善の模索のための諸改革

次の「善き日本社会」が持続的な幸福を実感できる社会であるとすると、そこに、どのような経路で到達できるかが議論されなければならない。それが、「皆が合意できる共通善の模索」であり、具体的な政策への道筋を示したい。

しかし、ある人にとって善いことは必ずしも他の人にとって善いこととは言えない。しかし、必ず皆にとって善いこと、あるいは、必ずしも好ましいとは思わなくても他の代替手段と比較すると皆が「それならば善い」と合意できることがあるはずである。

まず、将来における幸福な社会、さまざまな問題や課題を抱えていても、皆が「まあそれならば善い」と考える均衡点・到達点が必ずあるはずだ。そこに到達するには、人々の責任と自律と参加が重要となる。

また、最近の社会科学の発達を考慮すると、思いもかけぬ突破口が切り開かれるかもしれない。あるいは逆に今後は日本を襲うであろうさまざまな災害や危機を考慮に入れると、緊急時対応や結論へのショートカットなど別な配慮が重要となるかもしれない。また、ある時点で共通善であることが、別な時点ではそうでなくなるかもしれない。

我々は現時点において、次のような共通善への道筋を掲げて政治改革に取り組む。

◎共通善を求める際の四公準のスクリーニング

正義・美徳・卓越・友愛の四公準に反するものは共通善の対象外、したがって政策対象とはならない。たとえば、前述のごとく、沖縄の辺野古へのアメリカ海兵隊新基地建設に関しては地元沖縄でのオール沖縄的な反対だけでなく、正義および友愛の基準において、アジア諸国への軍事攻撃前線基地の新設自体が認められない。

同様に原発推進なども福島事故の原因究明や被害実態検証も十分でないまま、またそこからの放射性廃棄物の流出など、正義・美徳・卓越・友愛のいずれの公準にも抵触する政策も共通善の対象とはなり得ない。

消費税が限りなく増加していく傾向があるが、本来、自動的に増大していく医療費や福祉目的を対象とするものが、それ以外の対象に政権の思惑で流用されることは四公準から認められない。それがどうしても必要というならば、消費税がなぜ必要であるかがもう一度議論されて、新しい税の形態が考えられなければならない。現在の政府が民意の反対にもかかわらず強引に進める政策は必ず、この四公準に抵触する。

◎アメリカの首枷からの解放

3・11の津波が原因で引き起こされた福島第一原発事故は、ほんのちょっと条件（たとえば未使用燃料棒を抱えた4号機の爆発、風向など）が変わっただけで、東日本が全滅し、何百万人が首都圏から脱出しなければならない大災害というか、日本のカタストロフィに発展する可能性があった。またたとえあの事故が無かったとしても、すでに使用済み核燃料は各地の原発で保管の限界に達しており、これ以上本格稼働を続けることは無理であった。

放射性廃棄物を含め、誰が考えても出口のない原発推進と原発再稼働が、いまだに強引に進められているのは、アメリカの核世界戦略のもとで、日本も核転用可能な技術を習得・保持したいという意図がその背景にあると考えるのが当然であろう。原発の商業的稼働がもはや新規投資に値しないことは、1979年スリーマイル島事故以来明らかであった。世界で唯一、歴史上唯一の被爆国日本が、世界の核廃絶の運動から取り残されているのも、同様の背景である。

では、アメリカの核戦略の傘のもとで日本の安全は守れるのか？　日本に核ミサイルが飛んできたときに、傘がそれをはね返してくれるのか？　答えはＮＯである。要するに核の傘こそ現実性を欠いた虚構の政策なのだ。そのようなものに国民の安全を賭すことはできない。

沖縄の基地問題も、海兵隊という、すでにその存在自体が時代遅れになり廃止が論議されている組織の新基地を、貴重な自然を破壊してまでつくる合理性はどこにもない。それどころか、いまだに続く海兵隊の犯罪、そして犯罪者を日本の法律で裁けない日米地位協定、首都圏の空を支配するアメリカの横田空域支配、巨額の思いやり予算など、もはやアメリカの防衛に日本が必要以上の負担を担う必要はない。

そもそも冷戦構造が崩壊し、世界を二分する勢力であったソ連邦が消滅した後で、アメリカが日本に基地を維持する意味はどこにあるのか？　しかも、最近ではすでに北朝鮮問題に関しても、南北首脳会談や米朝首脳会談が数度にわたって開かれ、対話による解決が模索されているなかで、冷戦期に第三次世界大戦を想定して設置が計画され、他国攻撃を前提とするアメリカ軍基地の維持にどれだけの意義と合理性があるのだろうか？

そのような根源的な問題すら国会において真剣に議論されてこなかった。外交や防衛関連委員会での議論は政府決定案に対する枝葉末節の質疑であって、日本の現在の国会は、日本の本質的で根源的な問題を審議するようにはつくられていない。基地はアメリカにとっては有意義なのかもしれないが、日本にとってどのような価値を持つのか、科学的・合理的に説明した者は誰もいない。

貿易において、アメリカが日本に対して強大なアメリカ市場の門戸を開放し、そこで日本の自動車や工業製品が輸出拡大をできた。しかし、いまやアメリカはトランプ大統領のアメリカファースト政策で、日本に極端な貿易条件を押しつけ、自動車など花形輸出品の数量制限をちらつかせ、さらに日本が最大の貿易相手である中国や産油国イランと協力することを牽制している。

日本はもうアメリカの首枷を外し、日本独自の外交努力と自己防衛システムを構築し、そして、必要資源を世界に依存しなければならない日本の実情と実利に基づく経済路線を求めるべき時期にきている。

◎危機への対応と緊急性原則

事前の準備と訓練なき危機管理は管理危機をもたらすとの金言どおり、3・11津波と原子力発電所事故はすさまじい破壊を社会に与えた。

しかし、これからの政治はそうした「人々の安定と安全」に最大の脅威となる危機への対応を中心課題に置いておかなければならない。

少子高齢化や経済の縮小のように、必然的かつ経常的に多方面に影響が出る要素とは別に、確実に日本の社会を襲うものと考えられる危機的要素は地震・火山噴火・津波・台風・熱帯性低気圧などの自然災害、テロリズム、移民・難民問題などの社会問題、アベノミクスの後遺症としての経済破たんやトランプ政権の一方的な経済負担要請などがある。

さらに、否定できないのが東アジアにおける武力衝突を含む騒擾である。日本は戦後、国際紛争の解決手段としての戦争を放棄し、海外での武力行使も回避してきた。しかし、アジア近隣諸国において紛争が起こる状況、さらには日本に直接危機が及ぶ紛争の可能性を否定することはできない。

1950年に勃発した朝鮮戦争は、戦争行為を禁じた憲法との関係から、日本では朝鮮動乱と表記され、あたかも大規模な戦争でなく、また日本に直接影響が及ぶことの無かった戦争であるかの如く情報操作がされてきた。しかし、最近の研究では、朝鮮戦争では日本に投下された爆弾の4倍に達する空爆が行われ、日本も海上保安庁の掃海艇を派遣し、大量の軍事輸送を担うなど、限定的ではあったが、決して無関係ではなかったことが明らかになっている。

日本の悲劇は、戦後七十数年にわたって世界で展開された戦争の実態を知らないことである。正規軍どうしが戦場で戦った太平洋戦争とは異なり、現在世界で蔓延する地域紛争や内戦のように、生活域を巻き込み、敵が誰かも明確でないような戦争状態に、日本はどう対応するのか？　憲法9条で禁止しているから考える必要がない、あるいは、それは「軍事だから自衛隊の問題」と片づけるわけにはいかない。

日本を襲うかもしれない本当の戦争の危機にどう対処するか、考えなければならない時期にきている。別な言い方をすれば、戦争の危機が日本を襲うことのないような状況をいかにしてつくり上げていくかを真剣に考え議論すべきときを迎えている。

◎予算措置の変革

社会に緊急対応が必要な問題が明らかになったとき、これまでは緊急の予算化が難しい、あるいはもうすでに予算枠いっぱいで財源が確保できないから無理だと先送りされた。たしかに、従来の各部署からの予算要望を積み上げた上に、緊急対応費用を上乗せすることは困難である。そこから緊急対応への準備は進まなかった。

今後は発想を変え、まず通常予算の前に緊急予算をつくり、資金を手当てし、その後、必要度に応じて予算を付けていけば、最後に緊急性の少ない予算がカットされることになろう。

◎多数決に依存しない民主主義的決定プロセス

共和党は多数決に依存しないＮＥＸＴの民主主義政策決定プロセスを創出する。多数決は民主主義の絶対要件ではない。多数決主義は、一部の国家で独裁者が圧倒的支持のもとで独裁と腐敗政治を繰り広げることを否定できない。

ただ単に多数であることが、政策や法案のそして日本の針路を決定することであるならば、議論もコミュニケーションもなく、ただ員数を集めればよい。多数で常に決定するなら、少数のグループは永遠に政策策定や国家運営に貢献することもできない。

民主主義はたとえ少数のグループでも、また場合によっては１人の専門家の意見でもそれに耳を貸し、その正当性、合理性を議論して、正しいとあれば、また必要とあれば、それを決定案とすることが必要である。

重要な改革は、独断や独裁ではなく、単なる多数決でもない、正義・美徳・卓越・友愛の四公準に基づく新しい意思決定のメカニズムをつくり上げることである。現代企業は目まぐるしく変化する国際環境、技術の高度化、社会変化のなかで、経営システムを改革し、従来の経営者独裁や株主絶対だけでなく、さまざまな意思決定形態や企業を取り巻く外郭の組織や運動などをステイクホルダーとして把握し、その意見や意思を尊重する経営形態に移行している。政治の世界だけが、19世紀的な政治儀式に留まっているわけにはいかない。

日本の国会も現代社会に対応していない。ギリシア・ローマ時代から今日まで、国民に影響を与える政策の可否や国家の意思決定が多数決、しばしば議員の雄弁と事前の投票根回しによって決定されてきた。一方、ビジネス界ではどうか？　判断のための数値化、理解を高めるスライド説明、補助情報としての映像、遠隔地の専門家を結んでのテレビ会議など多くの技術が使われている。それは多国籍企業や大企業だけでなく、どのような中堅企業でもＮＧＯでも同様である。日本の政治は明らかに社会進化から取り残されている。

現代はインターネットやAI、それにビッグデータが駆使されている時代である。なぜ政治だけが、まるで古代儀式のような体裁なのか、疑問を感じないのが不思議である。国会は国家の最高議決機関であり、儀式の場ではない。またそこに参加するのが本来の役職である議員であるのが当然としても、問題の現場から参加する市民や、知見を持った専門家などが議決にどのように参加していくかも考えなければならない。国民が政治に直接参加できる仕組みも考慮すべきであろう。

共和党は政治においても、そのような新しい民主主義的意思決定プロセスを構築しなければならないと考える。

◎ポジティブ心理学、行動経済学・幸福経済学等、社会科学の進歩の活用

形式的な制度が公的経費を膨張させている。人間行動を前提とした人間科学的な政策により公的経費の圧縮が可能であり、人々を善導することによって不必要な経費を削減することができる。男性トイレの便器に小さなハエの絵を描いただけで清掃費用が圧縮されたり、道路の右折路のアスファルトの色を変えたりしただけで交通事故が激減したり、人間行動や組織行動を分析し利用することで、現代政府の財政も大きく変化する可能性がある。

◎新しい社会をつくる政策とＰＰＰ原則（Positive, Practical, Progressive）

かつて、日本政治が自民党と野党のバランスで進められていたころ、野党のすべきことは政府案に反対することだった。そうした野党の反対を受けて、その反対部分の主張を一部受け入れ与党自民党は修正案を提出し成立させてきた。野党の反対は、自民党と政府の一方的な政策の露払いにすぎなかった。

共和党は政府の政策に対してＰＰＰ原則すなわち、政府案を否定するのではなく、政府案と並列して政府案よりもより効果的・生産的（Positive）であり、実的・実践的（Practical）であり、そして社会を進歩させる（Progressive）対案の成立のために現実的に政治を行う。このＰＰＰ原則に基づいて政策を提言し実行する。それにとどまらず、共和党は「善き日本社会」の実現に向けて必要な政策を常に積極的に提案する。

NEXT Japanを目指しての共通善と政策

我々は次のような政策が緊急性の高い、いま直ちに共通善として検討され実施されるべき政策群であると考える。共和党はこれらのテーマを国会において追求すると同時に、党内に共通善のための部会を設けて、内容を協議する。部会は専門家・党員・一般市民の参加を求め、協議内容はインターネットで公開される。

◎外交・安保・地球課題

〈積極的平和主義〉

外交・安保政策における共通善は、ガルトゥング博士が提唱する積極的平和主義にある。それは単に社会が戦争状態にないことを平和と呼ぶのではなく、また安倍首相が主張するような武力による〝積極的平和主義〟とは真逆の概念で、戦争の元となる原因、紛争の種となる貧困、差別、虐待、宗教的迫害などを無くすことによって創造される平和である。

そう考えるとき、戦争や紛争の種を未然に防ぐための装置を構築することが肝要となる。東アジアにおいては、経済、貿易、金融、教育、文化、エネルギー、環境、防災、医療、福祉、介護、安全保障などあらゆる問題を対話し、協調の道を探っていくシステムとして、ヨーロッパにおけるEUに倣い、東アジア共同体を構想し、実現に向けて努力することが求められる。その核となる国々は日本、中国、韓国、そしてASEAN10カ国であるが、不戦共同体を目指すものであり、どの国もその目的に資するものであるならば拒むものではない。

〈友愛外交の推進〉

友愛外交とはそれぞれが国家として自立しながら、他国との間で共生していく外交である。まず国家として自立していなければならない。したがって、日本外交はまずアメリカへの依存体質から抜け出す必要がある。そして、アジア諸国を中心に他国との間で、協力し合い、助け合うことである。それは単に経済的な利益を享受することではなく、日本を安全と平和に導くことにつながる。

〈アメリカ基地問題〉

現在でも激しい政府と沖縄との対立、そして全国民的関心を集めている沖縄の辺野古基地問題であるが、基地問題は辺野古移転ありきではなく、まず世界の現実に合わせた「新安保政策」の合意が急務である。それを前提に、普天間飛行場の辺野古への移転問題なども抜本的に解決されるべきである。

世界を二分しソ連邦と覇権を争っていた時代に構築された戦略構想、そしてその要素である基地が、当時のまま残されているどころか拡散・拡大を続けていることの異常性に気づくべき時期に来ている。

百歩譲って、アジアの緊張、中国との地域的衝突の可能性があるとするならば、防衛的視点においても、沖縄は中国に近く新たに基地を設置するのは好ましくない。それ自体が隣接する国に脅威を与えて軍拡を助長する可能性も否定できない。万一の突発的な武装勢力の上陸に備えるにしても、空港はより距離のある本州側に移転する必要がある。中国の内陸深くに進攻するという戦略構想であれば、空港を持った基地は最前線にあってもしかるべきだが、憲法および専守防衛の前提のもとでは、沖縄に飛行場を有する基地を増強・

新設することはできない。

一刻も早く、冷戦後世界、緊張関係の変化する東アジア情勢を前提とした「新安全保障戦略」を策定しなければならない。また冷戦期と異なり、アメリカがアジアの紛争に全面的な解決に乗り出す可能性は低いので、自主自立防衛システムの構築が急務である。

それは沖縄だけでなく、同時に、横田空域も含め東京・神奈川という首都圏に広がるアメリカ軍基地全体の問題である。首都が外国の基地によって包囲されている状況は異常としか言いようがない。

また駐留経費負担やいわゆる「思いやり予算」はそれ自体、日本国内にアメリカ基地が不要にもかかわらず、厳しい財政状況のなかで組織縮小を迫られているアメリカ本土の海兵隊や三軍を存続させるための方便として日本駐留を続けているが、その状況を無くさなければならない。

安保条約および地位協定の改革と現実対応は抜本策を一刻も早く策定し、アメリカ政府との協議に入るべきであろう。

〈新安保体制〉

日本が独立国である以上、他国に依存するのではなく、自国を守る体制を構築するのが当然である。しかし、一国の防衛努力には限界があり、現行の日米安保条約の範囲を縮小維持すると同時に、周辺諸国との協調により、新たな地域安全保障体制の構築に全力を懸ける。

日米安保条約はそれが形づくられた冷戦期とは異なり、膨張を続けるソ連邦と共産圏のような差し迫った脅威はもはやなく、また中国は軍事大国とはいえ、それ自体に海を越えて他国へ侵略するだけの総合的軍事力も意図もない。日米安保条約の縮小改定が必然である。また、現実的に膨大な石油利権が絡む中東からの米軍撤退状況を見ると、万一日本に危機がおよぶような状況下においても、たとえ安保条約が有っても、アメリカが議会の承認を得て日本の支援に兵力を送ることは考えにくい。そのような条件のもとで、日米安保条約も現実および将来のリスクを分析して、その役割と負担を縮小すべきである。当然のことながら、日米思いやり予算は早期に全廃する。同様に、特定官僚と米軍人が密室で協議する日米合同委員会のあり方を抜本改革する。これは通常の外交ルートを棄損する危険すらあり、一刻も早く改革と情報の公開が必要である。

日米安保条約は縮小して維持するとしても、事実上の不平等条約ともいえる日米地位協定は全面的に改定する。

アジア諸国との独自の安全保障体制構築を構想する。ロシアとの間にクリミア問題などにおいてより信頼を醸成し、早期に領土問題を解決し、平和条約を締結する。

核の傘は、広島・長崎への原爆投下後、実に70年以上経っても、一度も核兵器が使用されたことがない現実を理解すれば、その脅威はフィクションであり、また四公準に照らして、日本は核兵器を製造・保有しない。しかし、核の輸送手段としての弾道ミサイル、各種ミサイル、空爆、ドローン攻撃の可能性は否定できないので、それらに対処する万全の体制をとる。その意味においても、周辺諸国との信頼関係の向上が必須であり、東アジア共同体の構築を急ぐ必要がある。

同時に、核兵力そのものを非合法化し、一刻も早い世界中からの核兵器の消滅を目指し、唯一の核被害国である日本が世界の世論をリードして進める。これは友愛外交の最重要課題でもある。


〈アジアのメンバーシップ、アジアに対する姿勢と展望〉

日本は明治期の脱亜入欧政策から、結局はアジアに対する侵略に手を染めることになった。いま、中国が勃興し、かつては発展途上国と位置づけられていた多くのアジア諸国が先端技術や経済規模で大きな存在となっている現状で、日本は米国依存の体質から脱却しつつ日本のアジアにおける位置をもう一度しっかり確立する必要がある。

いったい、日本は中国・東南アジアそして南アジアや西アジアとどのような関係を築くのか、いまこそ、新しいビジョンをつくり、それを諸国に提示して、新たな協力・協調関係を築いていかなければならない。

〈気候変動など地球課題〉

日本は総力を挙げて地球課題に取り組む。このことが外交の最重要課題であると言っても過言ではない。経済的にもはや世界をリードできない日本は、このような世界課題に取り組み、世界から尊厳のある存在として認められるであろう。この分野での日本の卓越した努力と貢献は日本の外交・安全保障に大きな資源となる。

現在の日本は残念ながら地球環境問題への対応が大きく遅れている。西欧的近代資本主義は短期的利益を追求した結果、自然は収奪され、生態系は破壊され、大気・水・土壌は汚染された。気候変動の大津波が迫り、熱波・豪雨・干ばつは日常茶飯事となり、北極海の海氷が夏季に消滅するのは時間の問題となった。
この危機感の中でSDGｓが採択され、２０１５年パリ協定が結ばれたが、パリ協定での日本の目標である２０３０年度に13年比26％削減は不十分であり、日本としてはパリ協定を牽引する気概を持って、積極的な削減目標を提示する必要がある。（注１）
温暖化によって水没する可能性のある地域への支援、世界各地で発生する地震・火山・津波・豪雨など自然災害への対応研究を進め、世界課題の研究センターとしての地位を目指す。太平洋における水没の可能性がある小国に対しては積極的に支援を行う。
温暖化はまた災害だけでなく、農業、交通、住環境に大きな影響を与える。これまで寒冷地で開発が困難であった地域にも農林水産業を展開する可能性が開ける。その意味で、北ヨーロッパと日本を北極海でつなぐ航路、そして関連都市の開発、サハリン等ロシア領における経済協力・エネルギー開発などの新しい展望を考える必要がある。

〈友愛外交の展開：我々は「ジャパンファースト」と言わない〉
友愛外交とは自立と共生の外交である。日本は米国に依存した外交から、より自立性を高めていかねばならない。それと同時に、一国では生きていけないので、他国、とくに周辺諸国と共生していく外交が求められる。すなわち、日本は日本だけで完結できるわけではない。それどころか主要エネルギーである石油の99・9%を海外に依存し、その輸入経路ですら、ペルシヤ湾、ロンボク・マラッカ海峡など狭隘で危険な水路に依存している。そのような日本は周囲の国、そして距離的には離れていても経済的に相互依存関係にあるような国の事情を考慮しなければならない。そして場合によっては、「ジャパンラスト」すなわち恩恵や便宜を受けるのが最後となっても、そういう友好国や友好関係を守り支援していかなければならない。

友愛を掲げた新外交路線の構築と開示が必要である。「友愛」は単に近隣諸国、遠隔諸国と友好的であることに留まらない。それ以上に、それが日本の安全にとって欠くべからざる要素だからである。日本の安全と平和を第一に考えれば、最終的には友愛外交に行きつくのである。

◎経済政策

〈健常経済への転換〉

戦後の傾斜生産方式などの復興努力、絶え間ない成長、その過程で克服できた問題は多い。しかし、その成功体験に依存して引きずられることなく、あらたな段階＝定常経済社会の到来に合わせて、日本経済のすべての要素をゼロから洗い直して、新たに組み直す、言うなれば日本経済のオーバーホールが急務である。

幸か不幸か、日本経済の低迷によって、労働市場の改革、たとえば高齢者・障がい者の雇用促進、女性の幹部登用、外国人材活用などが始まったが、その動きは現実が必要とするレベルからははるかに遠くまた歩みは遅い。しかも、全体的なグランドデザインを欠いたままでの、バラバラな政策により、将来深刻な問題を提起する可能性もある。何よりも日本企業のあり方を議論し、日本企業も21世紀にふさわしい経営理念や企業形態をつくり上げる必要がある。

健常経済自体、活気ある経済活動が可能であるが、それ以前に、成長期から健常経済への移行の時期に大規模な構造改革や都市農村再編計画、新産業への転換など、大きなビジネスチャンスが生まれる可能性がある。ほとんど効果を生まない、言うなれば空回りの成長推進路線から、発想を転換して、健常経済への移行期に経済活性化努力を傾注する必要がある。

〈経済政策の目的〉

民主党政権は「コンクリートから人へ」が標語であったが、誤解を招くおそれがあるので、そうではなく「すべてを人へ」人間第一主義を徹底する。

日本ではまだオリンピックや万博などの一発大開発に期待する状況だが、そのような単発開発は期待されるほどのトリクルダウンを生まないばかりか、周囲環境との一体性を欠く。

その一方で急激にしかも大規模に進めなければならないのは、高度成長期につくられた施設の維持・改善である。そのためには旧来型の大規模建設も必要となるかもしれない。

少子高齢社会の対応として、都市と農村の新たな結合関係を構築する必要がある。都市の中心部が空洞化したり、シャッター街化する一方で、郊外に農地が潰されて大規模店舗が軒を並べ、人々は車でそこに行かざるを得ない。このような錯綜した状況を整理し、農林業地域と都市部との改革と相互の関係を構築することが急務である。

〈核廃絶と新エネルギー政策〉

日本のような狭隘な地震多発地帯に五十数基もの原発が建設されたこと自体、異常なことであるが、ここでの問題は原発だけがテーマではない。原発は日本のエネルギー政策の要素であり、同時に、核による抑止力の問題と関係している。日本の原発問題はまず一刻も早く、そうした安全保障論議と完全に切り離す必要がある。そのうえで、代替エネルギーへの大転換へ切り替える必要がある。

福島原発事故の影響からいまだに解放されず、除染費用が天文学的な数字に膨らみつつある状況を鑑みれば、また放射性廃棄物の最終処分地もいまだに決まらない状況である以上、地震・火山・津波・ゲリラ豪雨などの常襲地域である日本では一刻も早く全原発を停止し、順次廃炉プロセスに入らなければならない。

世界唯一の被爆国そして自然災害により破壊された原発からの被害を体験した唯一の国として、世界各地にある原発の安全管理、被害対応などの経験と研究を生かして、世界での原発廃炉に対して貢献する。

世界で代替エネルギー再生可能エネルギーに舵を切っている諸国が、必ずしも比較優位を持っているわけではない。逆に日射・風力の乏しい北欧でそれが進められ現実化しているることを見ると、日本としては勇気づけられる。日照以外にも、風力・地熱・バイオマスなどは世界有数の適地である日本は早期に、再生可能エネルギーへの全面転換を模索すべきである。そのためには農地法などさまざまな規制を徹底的に洗い直し、可能性を追求しなければならない。

〈財政の透明化〉

民主党が野党だった時代、あれほど追求された特別会計も、実際に政権を担ってもほとんど解明されなかった。いま、この時代に、政府および政権与党にも理解されていない財政会計が存在すること自体、狂気の沙汰である。支持率を大幅に下げても取り組んだ緊縮財政や財政のバランス化も、自民党政権に復帰すると安倍政権は「アベノミクス」なるもので、通貨の大量発行、財政投資、円安誘導による輸出拡大などを実施し、また巨額の海外援助を行ったが、そのような方策が財政破たん状態でどうして可能なのか、誰も明確に説明できない。

アメリカ発のＭＭＴなどの新通貨理論が人気を集めるなかで、日本の財政をどうするかが全く不透明である。財政には徹底的にメスを入れて、これまでの暗部を明らかにし、日本の進むべき方向と、必要な経済政策の規模と方針を決定していかなければならない。

〈消費税増税賛否ではなく、税公平性の現代的再評価〉

国民理解としては福祉目的税としてスタートした消費税がいつの間にか一般目的税として使われ、さらに財源不足補てんにまで拡大されると、それは10％どころか際限なく増加する危険性が明らかである。共和党として、それは正義公準に抵触するがゆえに絶対反対である。

グローバル経済の時代に所得把握が困難となり、消費税にシフトする傾向が生まれたが、税務当局側で、所得税対象の把握に努める必要がある。パナマ文書事件で明らかになった所得隠しであるが、現代情報メディアを駆使すれば、それを把握あるいは合理的な範囲で推測することが可能となる。

しかし、問題はそこに留まるのではない。アベノミクスのなかで法人税が37％から29％まで引き下げられた。労働分配率は43％までに低下、これにより企業は400兆円を超える内部留保を持つに至った。問題はそれが本当に日本企業の国際競争力に貢献しているかどうかであろう。

したがって、我々は次の作業にとりかかる。

（1）消費税は5％時代を参考に、当初の福祉目的税に戻す。それ以外に使用する場合は新たな消費税への国民合意を求める。

（2）新たに徹底した調査を行って所得税の公平性を社会で確保し、所得把握の困難なグローバル企業などには合理的な推定を行って課税する。

（3）法人税を再検討し、現行水準を維持するとしても、対象企業はあくまで、

①国際競争力が向上しているか、従業員およびステイクホルダーの幸福に資する経営を行っているかを査定したうえで課税する。

②内部留保がマネーゲームなどに使用されないように監視し、不必要な内部留保に対して課税する。

③企業が3P原則（Practical, Positive, Progressive）すなわち、実際に労働分配率を上げるなどの施策により従業員やステイクホルダーの幸福に役立っているか、R&D投資などにより技術開発力・経営力を向上させているか、そして将来の日本に資するような未来志向の戦略や展望に基づいて経営が行われているかをチェックし、法人税引き下げ対象企業を決定することになる。

◎政治課題

〈国会改革〉

形骸化し、儀式化した国会を議論の場に変える必要がある。外国放送などで諸外国の例を見るだけでも、大会議場での活発な論議、パワーポイントや電子掲示板を使っての説明や採決、経験豊富なベテラン議員が議場の最前列で激しい議論の展開、ドラマチックな評決などいかに国会というものが活気ある国民の意思の表現と選択の場であるかが理解できる。現在の国会は明治大正時代と変わらない。一刻もはやく国会の全面現代化を進めなければならない。場合によっては国会の地方移動や新設も考慮すべきであろう。

〈多数決によらない意思決定システム〉

現在のように、与野党間に勢力差があり、多数決ですべてが決する状態では、国会は機能するはずがない。また、現在のような衆議院、参議院議員の選ばれ方、審議の仕方では、二院制の意義が十分に発揮されていない。憲法上認められた一般国民の「請願権」による提案も国会の場で議論されることはない。多数決にも、国民や少数野党の拒否権を認めるなど、さまざまな改革が急がれる。

国会が形骸化し、生気を失っている状況で、新しい国民の声を伝えるメカニズムが必要となる。

現代技術たとえばインターネットによる国民意見聴取、ビッグデータ活用による世情動向調査、国民一人ひとりの疑問に対処するＡＩ活用の双方向議論システムなど、さまざまな手段で形骸化した国会のあり方を変える必要がある。


〈現代民主主義制度の検討〉


民主主義は一般に、構成員に徳を求めないので、古代ギリシア時代から、時として衆愚政治に陥る可能性が常にある。共和主義では全構成員に徳が求められ、それゆえに、国民一人ひとりの徳が増すような政治教育を施す必要がある。

国民の代表である政治家は一般の国民以上に高い徳が求められる。同時に専門性も求められる。従って、有徳の人材であることを示す何らかの資格試験制度を考える必要がある。

官僚においても、公務員試験によって、専門分野の知識の有無を判断するだけでなく、本当に有徳の人材であるか否かを判断する試験制度も導入する必要がある。

同様に、裁判官に対しても、法律知識だけでなく、有徳の人材であるかどうか、偏向した判決を行っていないかなど常にその判断を公開し、監視するべきである。

国民の政治離れが深刻化している状況において、国民が自らの一票で政権を選択したと実感できるように、国会議員選挙が実質的な首相公選の場になるような新たな制度設計が肝要である。たとえば、総選挙においては、政党は内閣総理大臣候補としての党首およびその施政の基本方針を明示して臨まなければならないし、政党の代表として選ばれた総理大臣がそのような基本方針や公約を誠実に実行しているかが監視されなければならない。


〈官僚制度と官僚の改革〉


日本は民主主義の教科書どおりの、三権分立ということになっているが、現実には沈黙する司法機関と日替わりのような立法府に対し、長期間その地位と情報を確保している官僚が絶対的支配者となっている。

経済が変動し、国際政治が激変すれば、立法府の構成員は変化するが、官僚は変化しない。その結果、日本は世界に類のない官僚支配国家となっている。

しかも、官僚体制は戦前・戦中そしてアメリカ支配の時代から変わらぬままであり、日本の未来への進歩を阻害している。一刻も早く、官僚制度の実態を把握し、オーバーホールに近い大改革が必要である。

民主党政権期に、「政治主導」をスローガンに新しい政治を打ち出そうとしたが、官僚のボイコットにあい、たちまち頓挫し、民主党政権は「前政権からの統一性・継続性」の虚名のもと、自民党時代と変わらぬ政治に堕し国民の信頼を一挙に失った。

その教訓をもとに、官僚制度大改革は早期にその研究を進め、新しい官僚制度のモデルを構築する必要がある。

昨今、問題となっているのが、内閣人事局の設置により、官邸が巨大な権力を掌握し、行政・立法・司法の全体に大きな影響力を行使している状況である。内閣人事局制度は民主党政権時代に考案したものであるが、本来、指導者に「徳」が求められて初めて成り立つものである。現在の状況では、これは事実上の官僚独裁をもたらす。官邸の司法・立法過程への過度の影響力行使を排除する必要がある。


〈三権癒着構造の抑制と排除〉

本来、相互に独立であるべき立法、行政、司法において組織的、人的癒着が蔓延している。その実態を把握し、問題・疑問のある場合は排除する。

さらに、三権だけにとどまらず、日本国中で癒着・忖度が蔓延している現実を憂慮し、学問・研究の世界やマスコミなどにも調査を実施する。癒着の温床となっているさまざまな審議会にも、調査を入れ、それが厳正に中立で科学的根拠に基づいて諮問しているかも調査する。

官僚・検事・マスコミ関係者などの政治家への転身にも一定のルールを定める。官僚の大学教授への転身などにも、厳正なルールが求められる。

〈政治の絶対的クリーン化〉

森友や加計学園を巡るスキャンダルは、個別の犯罪あるいは疑似犯罪的行為ではなく、日本に蔓延する政官業、地域癒着の氷山の一角にすぎない。

政治の絶対的クリーン化を図る必要がある。それは日本が直面する危機において、大胆な施策や制度改革は、たとえ大きな成果をもたらしたとしても、必ずどこかにしわ寄せが被害を生じ、社会の不満を増大するからである。

そのためには政治は徹底的を通り越して、絶対的にクリーンでなければならない。企業団体献金を禁止し、抜け穴となっている政治資金パーティを全面禁止、企業献金も禁止し、個人献金は個人の同意書を添える必要がある。

官僚への圧力や官僚側の忖度が問題であるので、官僚とのコミュニケーションは徹底した記録化と公開が原則となる。アメリカでもロビイストの報告は資金面だけでなく、日々の電話も1件ごとに報告・公開されているが、日本での取り組みは2周遅れと言わざるを得ない。

三振バッターアウト原則のように、金、学歴経歴詐称、反社会的行為などが連続して明らかになった政治家は訴訟や、社会的制裁の前に、議員辞職する必要がある。

政治資金の公的管理と完全公開（クレジットカードで支払い、完全公示）が求められる。

〈政党法の制定〉

巨額の政党交付金が税金を原資として拠出されているにもかかわらず、日本には政党法がない。

政党の理念、綱領も明確でなく、当選者が自己都合で政党を変えたりする。結果として既存政党への国民の信頼度は極度に低下してきている。政治における政党の権能を明確にし、政党法をつくり、必要ならば、憲法のなかに位置づけることも検討すべきである。

〈歴史再評価と真実委員会設置〉

きちんと明治維新以降、第二次世界大戦、戦後期を含め日本の歴史および外交関係の歴史を科学的に評価し記録し、公表する。帝国主義時代に発生したアジア諸国での事件などは現地国側の協力も得て徹底的に行う。

日本は自分の手で戦時の歴史の総括をしていない。戦争がなぜ起こり、なぜ早期に終戦できなかったか、戦争犯罪も自らの手で総括する必要がある。

戦中戦後の真実不明事件に光を当て、可能な限り中立な資料、科学的推論を含め分析し、結果を全面的に公表する。たとえば、東京空襲、シベリア抑留、下山国鉄総裁事件、朝鮮戦争への加担、竹島占領、御巣鷹山日航機墜落事故、豊田商事事件、オウム真理教事件、北朝鮮拉致事件、イラクでの日本人外交官射殺事件、福島原発事故、石井紘基議員刺殺事件、政治家自殺事件など不可解な重大事件がある。

〈憲法改正はまず憲法裁判所の設置から〉

憲法裁判所設置、この一点に限って憲法改正し、現実社会、法規則と憲法との齟齬《そご》を確認する必要がある。それが無ければ憲法改正も憲法護持もできない。9条では自衛隊の存在が否定されているのかいないかも、政治家の判断だけでなく、司法の明確な判断が必要となる。

〈選挙制度の改革ではなく、選挙そのものの改革〉

小選挙区のもとでは、地元を超えるイシューは有権者の関心が薄い。小選挙区制導入によって、日本で外交・安保・未来などに見識を持った政治家は消滅した。新たな専門分野ごとの特別枠を設けるのも一案だが、その前に、外交・安保・未来・広域などのテーマで政治家が選ばれ育つようなシステムの構築が急務である。

市民の政治参加を阻んでいる要素として、高額の供託金があるが、それだけではない。自治体の選挙管理委員会の現状などが、憲法に記された国民による結社の自由、政治参加を阻害している。

政治を誰が担うべきか、政党はどうあるべきか、という点ですら日本では明確ではない。巨額の政党交付金が税金から拠出されながら、政党法すら存在しない異常な国家となっている。将来、日本の政治を担う候補者の生活保障、立候補者への職場差別撤廃、候補者資格制度も考察すべき時期に来ている。

◎社会課題

〈差別・格差の全面解消〉

男女格差、年齢差別、外国籍長期居住者など一切の差別を廃止し、結果的に差別・格差のない国にしなければならない。すべての分野において老若男女原則すなわち、性別や年齢による差別を撤廃する。

〈若者テイクオフ支援制度〉

高校生への支援制度により、高校は事実上義務教育化しているが、卒業後の十分なケアがなく、その持てる力を発揮できないばかりか、新たな貧困や格差の原因となる場合もある。高齢者に対する年金のように、高校卒業の若者に特定金額を無利子で貸与し、大学・大学院進学、職業教育、海外旅行、スポーツなど、それが実現した際には返還を求めないような、有意の若者へのテイクオフ制度などを考える。

現代の若者が、現代社会が求める仕事を始めるに必要な資金、さまざまな情報や経験が不足している一方で、日本では経験と知識の豊富な高齢者の膨大な余剰がある。それをマッチングさせ、起業する若者へのサポートとコンサルティングを充実する。

〈総合若者政策（若者シチズンシップ・プログラム）〉

現在、雇用機会に乏しい中高年と異なり、若者には正規非正規の差こそあれ、何がしかの職がある。しかし、その内容の多くが短期雇用であり、たとえ連続的に職があっても、当の若者には働く場や企業への一体感はなく、また企業や経営側もそれを期待していない。前世代の若者が企業の大小を問わず、経営目標への貢献、職場への一体感などを持っていたのと大きく異なる。短期雇用で獲得した金銭的報酬は日々消費され、精神的達成感や将来への投資には変化しない。

まして、社会への一体感も乏しく、若者はそこに新しい立場や役割を期待することも期待されることもない。さらに公共域における存在感や、政治参加も限定的である。はたして、それで将来の日本を支える人材が育ち、社会が機能するであろうか？

共和党は将来の日本を支える次世代の「若者シチズンシップ・プログラム」をつくり、

公民的共和主義の立場で支え育てる。

（1）若者を雇用するすべての企業・組織に若者を育成する責任を負ってもらう。若者が企業目的を理解し、その一員であることを自覚すると同時に、企業側も若者をともに企業を構成し発展させるパートナーとして扱う。

（2）初等教育から高等教育そして企業組織において常に、若者の社会的責任を教育し、現実に何らかの公共事業に参加するプログラムを用意する。さまざまなボランティア活動への参加を制度化し、若者が社会の現場に触れる機会を拡大する。

（3）若者に自分が孤立することなく、社会の一員であり、自分と社会との相互関係を理解し、社会的包摂と連帯に努めるように常に働きかける。そのような社会への自律的参加の価値や達成感を若者が実感できるようにする。

（4）初等教育・中等・高等教育期間を通じ、自分が社会の一員であり、その社会の繁栄と安寧を守るために、どのように自ら政治参加するかを理解し、行動を促す。

（5）若者の社会参加と政治参加を促す諸制度を創設する。たとえば企業に対しては若者の社会活動休暇や支援、政治参加に関しては選挙供託金免除、基本政治活動への支援、選挙落選後の職場復帰確約などを行う。これにより、自ら政治や政策を変革し

たいという意欲ある若者の政治参加を後押しする。（注2）

〈高齢者ランディング支援制度〉

高齢者への対策は医療や介護を中心として高齢層政策が組まれてきたが、人口に占める高齢者の比率が3割を超えるような状況では、むしろ高齢者の雇用や生活支援が重要となってきている。労働など体を動かすことが老人病予防に効果があることも指摘されており、一切働きたくない高齢者は別として、雇用機会を希望する高齢者には適切な雇用の場を確保し、税優遇措置他さまざまなインセンティブを行政・社会で用意する必要がある。

また高齢者は学習の機会がなく、それが詐欺や高齢生活への対応の理解が乏しい原因となっている。高齢者への教育は準義務化（税率などにより優遇）して開始すべき時期にきている。幸い、少子化により高齢者教育の用地は潤沢にあり、自治体と協力して高齢者の現在社会への安着陸（ランディング）を実現する。

〈ベーシックインカム保証からベーシックライフ保証へ〉

福祉や社会保障費の拡大、そしてそれを解決するための行政コストの上昇に対処するためにベーシックインカム制度の導入が考えられ、フィンランドのような比較的人口の少ない国で社会実験が行われるようになった。しかし、モラルハザードや依存症などの要素を勘案すると、必ずしも日本のように大きな人口を擁する国ではその現実化は簡単ではない。

また問題なのはインカムすなわち、金銭的所得だけではない。ベーシックインカム制度から恩恵を受ける高齢者や貧困若者層にとって必要なものは決して金だけではない。その観点から、共和党はベーシックライフ保証のプログラムを創造する。

必要最小限の衣食住と所得そして働く場・活動の場を用意する。これにより高齢者も生き生きとした人間的な老後を保証され、母父子家庭の支援そして貧困若者層に自立と発展の道を用意する。それは単に制度をつくるだけでなく、介護士やケースワーカーと同様に、新しい生活アシストの人材を育て、可能な限りマンツーマンで支援や指導が行われるようにする。

〈人生100年のシナリオ〉

栄養状態の改善、医療の飛躍的進歩などにより、平均寿命が長くなり、人生100年のシナリオを考える時期にきている。幼少期より、青年期、壮年期、高齢期そしてエンディングの時期に人はどう生きるべきか、そしてどのような公的補助が必要なのか、大枠での構想を考える時期にきている。

たとえば、教育は義務教育が小学校から中学に広がり、現在では事実上高校が義務教育化している。しかし、逆にいったん成人となれば、公的教育が得られるわけではない。オレオレ詐欺の蔓延や高齢者の孤独死などを含め、人生トータルで教育システムはどうあるべきか検討する。

時代変化、技術革新、インターネット社会の到来、社会の変容などさまざまな問題への対処を何らかの公的教育によってカバーする必要が出てきている。

人生の最後がどのようなものになるかも、個々人が十分に自分で考え、選択する状況にある。これまで死について語るのは宗教や哲学の役割であったが、人生のエンディングについて皆がそれぞれ考える環境を支援する必要があるだろう。

〈地方と中央、都市と農村〉

日本の自治体、地方と中央、都市と農村などは旧態依然としたままであり、その現実との乖離の間に、シャッター街、放置住宅、農村の荒廃、限界集落などがある。一刻も早く、健常経済に対応し、また健常社会を前提とした住居・生活域の建設を進めるべきである。
補完性原理の導入や、「地域主権」に近い地方への大幅権限委譲によって鋭意進めるべきと考える。

〈社会「改善」全国運動〉

日本企業の大掛かりな投資ではなく、生産現場などで従業員の創意工夫や工程改善努力などいわゆる「改善」はいまや世界でも評価され〝KAIZEN〟は世界中の経営大学院で教えられている。

しかしながら、日本全体では交通や情報通信、流通、医療、福祉サービス、地方行政などでは極めて非効率で無駄なシステムが多い。健常化社会では、何よりも効率的な社会が求められるはずである。

したがって、我々は企業、NGO・NPO、自治体、さまざまなコミュニティと協力して日本全体の社会「改善」運動を提起する。巨額な予算を想定せず、社会の各方面で取り組み、日本社会のコスト自体を下げる努力を始める。

その際、重要となるのが、行動経済学、社会心理学や人間行動分析の新しい貢献である。

これまでの行政施策は多く旧来からの紋切り型の伝統的・形式的なものが多かったが、これからは、視聴覚効果の検討も含め、現実の人間行動を基本に、どうすれば損害や費用が最小化されるか、どのような方策で大きな効果を生むかを考えて実施される。

（注１）民主党政権成立直後の２００９年９月24日に鳩山総理は第64回国連総会において１９９０年比で２０２０年までに25％温室効果ガス削減目標という高い目標を提示し、国際社会から高い評価を得た。

次のURL 参照：https://www.mofa.go.jp/mofaj/press/enzetsu/21/ehat_0924c_p.html たしかに２０１２年に民主党政権は崩壊したが、たとえ政権や内閣が代わろうが、この目標はいうなれば日本政府の国際社会への公約であるはずであり忠実に実行されるべきであるが、その後はフォローもされていない。

（注２）このような社会システムは高校生の段階から準備されるべきと考える。首藤信彦「政治参加で未来をまもろう」（岩波ジュニア新書２００６年）参照。

あとがき

鳩山友紀夫

令和の時代を迎えて、もっと喜ばしい気分になりたいものだと思いながら、なれない。令和になって、国民が、若者たちがはしゃぐ姿を見れば見るほど、また、はやし立てるメディアを思えば思うほど、なれない。

そもそも天皇の生前退位にあれほど反対していた安倍首相が、令和への移行をこれでもかと言うほど政治利用している。それにもかかわらず、いいじゃないかと言う雰囲気が日本全体を覆っている。

私たちが教科書で習った三権分立はいまや存在していない。安倍首相自ら、自分は立法府の長と何度も申したように、議会は形骸化し、官邸の意のままに動く、熟議とはほど遠い状況となっている。行政は内閣人事局の悪用により、官邸に戦々恐々で官邸を向いて行われている。司法は砂川裁判を重視して国家の重要案件ほど最高裁は違憲性を判断しなくなっている。たとえば、安保に関する国家対地方（沖縄）の裁判では必ず国家に軍配が上がることになってしまっている。

野党のふがいなさに起因する部分も多くあるが、安倍長期政権が続くなかで、この国は全体主義国家化しつつあるのではないかとの不安を覚える。安倍政権がメディアの首根っこを押さえているので、批判しないメディアがそれを助長させている。さらには学界も官邸を忖度して、たとえば、福島で多発してしまった子どもたちの甲状腺がんは、原発事故によるものとは言えないとしている。鯛は頭から腐ると言うが、日本は政治、行政、司法、メディア、学界などの中枢が腐りかけていると思えてならない。

その原因を突き詰めていくと、この国は真の意味で独立国ではないことに気づく。アメリカへの依存が益々ひどくなってきているのを、トランプ大統領が来日した際の政府の諂《へつら》いが明らかに示している。

このような日本になってしまった責任を私は痛感している。既得権益層の癒着に憤慨して、新しい政治を興せとの大きなうねりに乗って、２００９年、国民の選挙による政権交代が実現した。民主党政権は対米従属からより自立した日本へ、さらに政治、行政、メディアのあり方などを根本から変えようとしたが、私はアメリカへの依存の象徴である普天間の海兵隊の辺野古への移設を最低でも県外へと求めて失敗し、改革は頓挫した。私の失敗を目の当たりにした後継の政権が、アメリカへの歩み寄りを強めて、アメリカという国体のもとで全体主義的な色彩を濃くしてきたというのが事実であると考える。

本来ならば、そのような人間は政治の世界から足を洗うべきであるかと思う。そのつもりでもいた。しかし私が政治から離れた7年間の政治の推移を見て、それに責任がある者として、居ても立っても居られなくなったというのが正直な気持ちである。そこで同じように切歯扼腕《せっしやくわん》の思いでいた首藤信彦君と勉強を重ねているうちに、日本の未来を指し示す新しい政治哲学をつくろうではないかということになった。否、この国の政治には哲学が欠如していることが最大の欠陥であることに気づいた。そして小林正弥先生からはコミュニタリアニズムなどの政治哲学の歴史的な変遷とその意義を、マーチン・セリグマン先生からはポジティブ心理学の重要性をご指導いただいた。

クーデンホフ・カレルギー伯は、ヒットラーとスターリンという全体主義が欧州を覆う勢いのなかで、全体主義と戦うために、自由と平等の架け橋としての友愛精神の必要性を説き、汎ヨーロッパ主義を唱えた。私は自立と共生の友愛社会の創造を説いてきたが、この国はいまだに東西冷戦時代の思考から完全に抜け切れていないし、経済成長至上主義は徳のある社会とはほど遠い現状をもたらしている。かつて小渕首相は富国有徳を掲げておられたが、早世されてしまわれた。いまこそ日本は、経済的にも政治的軍事的にも強い大日本主義を目指すのではなく、ミドルパワーの国として、人間にも自然にも愛をもって接する徳のある国を目指すべきではないか。文字通り、あらゆるものと共に和する、しかしながら和して同ぜずの自立と共生の社会のリード役を日本が演じるのだ。

その意味において、この本における政策集はプロトタイプであり、みなさんの参加によって、みなさんが共通善と思う政策を議論することにより、豊富化されていかなければならない。それが共和主義の真骨頂である。多くのみなさんがこの活動に共鳴していただき、参加していただくことを心から期待する次第である。

なお、蛇足であるが、共和党というと、アメリカの共和党を思い浮かべてしまう方も多いと思うが、共和とは日本の思想であることを読んでいただければおわかりいただけると信じる。また、天皇制とは矛盾するのではないかとのご指摘もいただくが、そもそもの共和の思想には矛盾はないことも指摘しておきたい。

首藤信彦（すとう のぶひこ）

1945年旧満州大連市生まれ。国際政治経済学者。慶応義塾大学院経済学研究科博士課程修了。伊藤忠商事、東海大学教授、ジョンズホプキンス大SAIS客員研究員、フランスINSEAD客員教授を経て、衆議院議員として活躍（3期）、テロ対策特別委員長、外務委員会理事などを歴任。著書に『政治参加で未来をまもろう』（岩波書店）、共著に『自由貿易は私たちを幸せにするのか？』（コモンズ）などがある。

鳩山友紀夫（はとやま ゆきお）

1947年生まれ。元内閣総理大臣、東アジア共同体研究所理事長。
東京大学工学部卒業、スタンフォード大学工学部博士課程修了。
1986年初当選。93年細川内閣で官房副長官を務める。2009年、民主党代表、第93代内閣総理大臣に就任。10年総理大臣を辞任。12年に政界引退するも、19年、首藤信彦氏と共和党結党に至る。氏名表記を鳩山由紀夫から鳩山友紀夫に変更。著書に『脱 大日本主義』（平凡社）などがある。

詩想社
―新書―
29

次の日本へ

2019年９月20日　第１刷発行

著　　者　首藤信彦 鳩山友紀夫
発 行 人　金田一一美
発 行 所　株式会社 詩想社
〒151-0073　東京都渋谷区笹塚1―57―5 松吉ビル302
TEL.03-3299-7820　FAX.03-3299-7825
E-mail info@shisosha.com

D T P　株式会社 キャップス
印刷・製本　中央精版印刷株式会社

ISBN978-4-908170-24-9